JING CAI KE TANG

精彩课堂

DI WU JIE SI CHUAN SHENG ZHONG XIAO XUE QING NIAN JIAO SHI JIAO XUE JING SAI YOU XIU KE AN XUAN CUI

第五届四川省中小学青年教师教学竞赛优秀课案选粹

本书编委会◎主编

电子科技大学出版社
University of Electronic Science and Technology of China Press
·成都·

图书在版编目(CIP)数据

精彩课堂：第五届四川省中小学青年教师教学竞赛优秀课案选萃 / 《精彩课堂：第五届四川省中小学青年教师教学竞赛优秀课案选萃》编委会主编. -- 成都：电子科技大学出版社，2021.5
ISBN 978-7-5647-8873-5

Ⅰ. ①精… Ⅱ. ①精… Ⅲ. ①中小学－课堂教学－教案（教育）－汇编－四川 Ⅳ. ①G632.421

中国版本图书馆CIP数据核字（2021）第073081号

精彩课堂——第五届四川省中小学青年教师教学竞赛优秀课案选萃

《精彩课堂——第五届四川省中小学青年教师教学竞赛优秀课案选萃》编委会　主编

策划编辑　段　勇　魏　彬
责任编辑　魏　彬　刘　凡

出版发行　电子科技大学出版社
　　　　　成都市一环路东一段159号电子信息产业大厦九楼　邮编 610051
主　　页　www.uestcp.com.cn
服务电话　028-83203399
邮购电话　028-83201495

印　　刷　成都市火炬印务有限公司
成品尺寸　185mm×260mm
印　　张　14.25
字　　数　320千字
版　　次　2021年5月第一版
印　　次　2021年5月第一次印刷
书　　号　ISBN 978-7-5647-8873-5
定　　价　68.00元

本书编委会

前 言

全国中小学青年教师教学竞赛（以下简称“全国青教赛”）是由中华全国总工会、教育部教师工作司指导、中国教科文卫体工会主办，为广大中小学青年教师搭建的一个全国性高水平展示交流平台。全国青教赛围绕立德树人根本任务，以加强师德师风建设，锤炼青年教师教学基本功为着力点，大力弘扬劳模精神、劳动精神、工匠精神，充分发挥青年教师教学竞赛提升教师队伍素质、激发创新创造活力的示范引领作用，进一步激发广大中小学青年教师更新教育理念和掌握现代教学方法的热情，努力造就一支有理想信念、有道德情操、有扎实学识、有仁爱之心的高素质专业化教师队伍，是展示青年教师良好的精神面貌、扎实的专业技能和严谨的教学风格的舞台。第二届全国中小学青年教师教学竞赛决赛在山东理工大学举行，聚集了31个省（区、市）和新疆生产建设兵团的中小学优秀青年教师切磋教学技艺，交流教学经验。本次竞赛以“上好一门课”为竞赛理念，由教学设计和教学展示两部分组成。

四川省高度重视青年教师教学技能提升，积极组织和筹备全省中小学青年教师教学竞赛，省委教育工委、省教育厅、省总工会已联合举办了五届中小学青年教师教学竞赛，吸引了全省优秀中小学青年教师同台竞技、展示风采、切磋交流，有力地促进了全省中小学青年教师教学技能提升。在第二届全国中小学青年教师教学竞赛决赛中，四川选送的4位参赛选手，获得了3个一等奖、1个二等奖的历史最好成绩，在各省（区、市）居最前列。中小学青年教师教学竞赛在促进广大青年教师更新教育教学理念、掌握先进教学方法等方面发挥了越来越重要的作用，得到了中小学校及广大青年教师的欢迎和认可。

第三届全国中小学青年教师教学竞赛已正式启动，与之相对应的第六届四川省中小学青年教师教学竞赛也已拉开帷幕，应各地中小学青年教师要求，为做好全省中小学青年教师教学竞赛工作，我们组织编写了本书。本书收集梳理了第五届四川省中小学青年教师教学竞赛决赛部分获奖选手的教学设计方案和相关教学PPT，同时也收集了获得省赛第一名的四位选手谭威（小学组）、李挚（中学语文组）、夏雪（中学数学组）、江雪珲（中学英语组）参加第二届全国中小学青年教师教学竞赛的相关资料及参赛心得等，对进一步了解和参加青教赛的读者具有一定的参考作用。

希望本书能对您更新教学理念、优化教学设计、提升教学技巧、提高教学能力和业务水平等方面有所帮助。因时间仓促，加之水平有限，对于本书不足之处，敬请专家读者批评指正。

本书编委会

2021年4月

目录 MU LU

第二部分 国赛优秀教案

组 织 篇

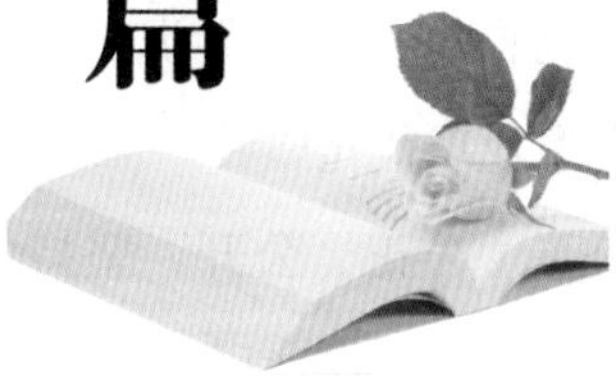

为深入学习贯彻习近平新时代中国特色社会主义思想和党的十九大精神，落实全国、四川省教育大会精神，按照中共中央、国务院《关于全面深化新时代教师队伍建设改革的意见》，以及中华全国总工会（简称“全总”）《2016—2020年劳动和技能竞赛规划》文件要求，进一步加强师德建设，提升广大中小学青年教师的教学能力和业务水平，经四川省委教育工委、四川省教育厅和四川省总工会研究，决定举办第五届四川省中小学青年教师教学竞赛（以下简称“教学竞赛”）。

一、竞赛宗旨与原则

以锤炼青年教师教学基本功，加强师德师风建设为着力点，充分发挥教学竞赛在提高教师队伍素质中的引领示范作用，弘扬劳模和工匠精神，进一步激发广大中小学青年教师更新教育理念和掌握现代教学方法的热情，努力造就一支有理想信念、有道德情操、有扎实学识、有仁爱之心的高素质、专业化教师队伍，推动我省中小学教育事业现代化。

坚持公平、公正、公开，坚持广泛参与和层层择优选拔，坚持注重教学基本功和实践能力，坚持程序严谨、规范。

二、竞赛学科和参赛对象

（一）竞赛学科

本次竞赛分为小学组（学科范围限定为语文、数学、英语）、中学语文组、中学数学组、中学英语组，共四个组别。

（二）参赛对象

我省从事中小学（含职业高中）教育教学工作的青年教师均可报名。各地推荐参加决赛的选手年龄必须在40岁以下（1979年8月31日后出生）。

三、比赛内容及流程

以“上好一门课”为竞赛理念，本次竞赛由教学设计、教学展示两部分组成，分数分别为20分、80分。

（一）教学设计

教学设计是指以1个学时为基本单位，对教学活动的设想与安排。主要包括题目、学情分析、教学目标、教学思想、课程资源、教学内容、教学重点与难点、教学方法与工具、教学安排、教学评价、预习任务与课后作业等。

选手需准备参赛课程10个学时的教学设计方案，评委将对整套教学设计方案进行打分。

（二）教学展示

教学展示采取“课堂教学+教学阐释”的形式。课堂教学即现场授课，评委主要从对教材的处理、教学过程与方法、语言教态、教学效果等方面进行考评。教学阐释采取“说课”的形式，应包含教材解读、学情分析、目标定位、基本理念、课程设计、教学重点难点、方法选择等。教学展示内容要与提交的教学设计内容对应、一致。

教学展示共计30分钟，其中课堂教学环节不少于15分钟，教学阐释环节不少于10分钟，另外5分钟时间可由选手在两环节中自行调配。

选手完成课堂教学后，随即进入教学阐释环节。选手需准备参赛课程10个学时相对应的10个教学展示节段的PPT。每个PPT文件中应包含“课堂教学”和“教学阐释”两部分内容。

教学展示内容为参赛选手提供的10个课时之一，课堂上提供多媒体教学设备。比赛现场没有学生参与，参赛者面向评委上课。评委进行综合打分。

参赛选手在报到的当天、预备会结束后，抽签确定本人现场课的展示顺序。比赛当天，选手在展示前，提前20分钟在指定的候课室现场随机抽签确定本人参赛的具体教学节段。

（三）计分方法

评委评分实行实名制，教学设计、教学展示两部分具体评分细则分别参见附件1、2。统分时去掉一个最高分和一个最低分后的累积分，除以评委人数（不含一个最高分和一个最低分的评委）为选手得分。成绩评定采用百分制，选手两个部分的得分相加为最终得分。得分保留小数点后两位，当选手最终分数相同时，以教学展示得分高者优先。

四、表彰奖励

（一）初赛

初赛阶段的奖项设置及产生办法，由各市（州）、县（市、区）根据情况自行设定。

（二）省赛

省级决赛按四个学科分别设置一等奖2人、二等奖3人、三等奖8人，优秀奖若干。获得一等奖的选手，按程序申报相关荣誉称号。组委会对获得一、二、三等奖选手给予一定的奖励。各市（州）发文进行了初赛选拔、参赛面广，并取得较好成绩，组委会将颁发优秀组织奖。

（三）参加全国决赛

通过省级决赛取得小学组、中学语文组、中学数学组、中学外语组第1名的选手，组成四川省代表队，通过集训后参加8月底的全国决赛（如第1名选手遇特殊情况不能参赛的，由第2名选手替补，以此类推）。

五、赛务安排

（一）竞赛日程

时　间		内　容	地　点
7月16日	16:00前	报　到	酒店
	16:30—17:30	预备会议，各市州领队，选手和组委会办事机构负责人参加	玉泉路小学大礼堂
	17:30—21:00	选手熟悉场地、试播PPT	玉泉路小学
	18:00	晚　餐	酒店

续表

时　间		内　容		地　点
7月17日	7:00—7:30	早　餐		酒店
	7:40	各组1号选手到场		玉泉路小学
	8:00—12:00	1~7号选手比赛	小学组	玉泉路小学教学楼101
			语文组	玉泉路小学教学楼103
			数学组	玉泉路小学教学楼201
			英语组	玉泉路小学教学楼203
	12:00—13:30	午餐、午休		酒店
	13:40	各组8号选手到场		玉泉路小学
7月17日	14:00—18:00	8~16号选手比赛	小学组	玉泉路小学教学楼101
			语文组	玉泉路小学教学楼103
			数学组	玉泉路小学教学楼201
			英语组	玉泉路小学教学楼203
	18:30	晚　餐		酒　店
7月18日	7:00—7:30	早　餐		酒　店
	7:40	各组17号选手到场		玉泉路小学
	8:00—12:00	17~21号选手比赛	小学组	玉泉路小学教学楼101
			语文组	玉泉路小学教学楼103
			数学组	玉泉路小学教学楼201
			英语组	玉泉路小学教学楼203
	12:00—13:40	午餐、午休		酒店,14:30集体在玉泉路小学大礼堂前合影
	15:00—16:30	评委点评、颁奖仪式		玉泉路小学大礼堂
	16:30	返　程		

（二）课堂教学展评具体时间安排表

7月17日上午		7月17日下午	
8:00—8:30	1号选手	14:00—14:30	8号选手
8:30—9:00	2号选手	14:30—15:00	9号选手
9:00—9:30	3号选手	15:00—15:30	10号选手
9:30—10:00	4号选手	15:30—16:00	11号选手
10:00—10:20	中场休息	16:00—16:20	中场休息
10:20—10:50	5号选手	16:20—16:50	12号选手
10:50—11:20	6号选手	16:50—17:10	13号选手
11:20—11:50	7号选手	17:10—17:50	14号选手
7月18上午		7月18下午	
8:00—8:30	15号选手	14:30—15:00	合影
8:30—9:00	16号选手	15:00—16:30	评委点评、颁奖
9:00—9:30	17号选手		
9:30—10:00	18号选手		
10:00—10:20	中场休息		
10:20—10:50	19号选手		
10:50—11:20	20号选手		
11:20—11:50	21号选手		

附件1：教学设计评分细则（满分20分）

项目	评测要求	分值
教学设计方案	符合课程标准，内容充实，反映学科前沿	4
	教学理念先进、科学	4
	教学目标明确、思路清晰	3
	准确把握课程的重点和难点，针对性强	3
	教学进程组织合理，方法手段运用恰当有效	4
	文字表达准确、简洁，阐述清楚	2

附件2：教学展示评分细则（满分80分）

项目	评测要求	分值
教材解读与处理	全面理解课程标准在教材中的具体展现，能够把握教材的编排体系、主要特点、文本价值	15
	创造性地利用、开发教学资源并整合教学内容，能够合理确定教学目标与重点难点	
学情分析及教学思路	科学分析学生的年龄特点、学习能力、学习风格等；熟悉学生已有的知识经验和基础	15
	围绕学科核心素养，依据实际学情和课型，设计适合的教学思路	
教学过程与方法	教学活动设计合理，能发挥学生主体作用。教学策略应用得当，教学过程中能够较好突出重点、突破难点，真正落实教学目标	25
	注重启发式和讨论式教学，能整合各种资源，多媒体运用得当	
教学效果	能够动态调控教学过程；合理分配教学时间，有效完成教学各环节任务，完成预期目标	15
语言教态	仪表大方得体，教态自然；普通话标准，语言生动，简练清晰；板书书写工整规范	10

六、竞赛花絮

抽签箱

案 例 篇

第一部分　省赛优秀教案

认识百分数

省赛小学组一等奖　谭　威

前测题单

姓名：________

1. 你知道什么是百分数吗？你从哪里知道的？

2. 下载进度25%，你知道是什么意思吗？请你描述一下。

3. 百分号前的数能有小数点吗？百分号前的数能大于100吗？

教学设计表

一、教育理念

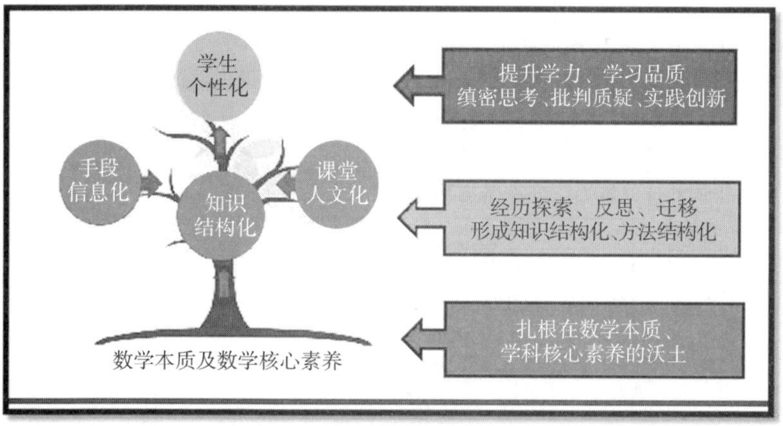

二、教学内容

北师大版六年级上期4单元第1课时“认识百分数”。

三、教材分析

【知识本质分析】

百分数表示一个数占另一个数的一百分之几，有广义百分数和狭义百分数之分。人们在实际生活中广泛应用百分数，究其原因：一是因为百分数能够方便横向比较多少；二是因为人们对十进制的熟悉，能够很容易感知一个数在100份里占多大的比重，这也是百分数产生的必要性。

【教材文本分析】

(1)教材编排意图。

教材十分重视百分数意义的理解，设计了“比一比”的活动，目的是从实际情境中抽象出百分数，体会引入百分数的必要性。然后，教材安排了“读一读，说一说”的活动，目的是结合生活实际理解百分数的含义，体会百分数的意义。

另外，教材对百分数的意义是描述性的，没有给出严格的定义，只是说“像这样的数叫作百分数”。这一要求也给了学生更多表达的空间，符合我们所提倡的发展学生个性化的理念。

(2)知识横纵联系。

知识联系：学生在五年级上期进行了分数的再认识，对整体与部分的关系认识更加深刻，五年级下期学生学习了分数应用题，所以在六年级认识百分数时，学生有足够的知识支撑。而在后续的学习中，百分数还能帮助解决很多实际问题，例如对扇形统计图的理解。

方法联系：四年级上期学生学习了速度、单价，这是利用倍比关系进行比较的方法基础；这节课中的百分数在比较中产生，也是在运用两个量的倍比关系；后续学生学习比、比值会继续沿用这个方法。

【蕴含关键能力】

促进学生对概念的认识的拓展，体现了数学核心能力的数学建模。

四、学情分析

【班级学情】

我们班的学生从三年级起开始进行信息化常态学习，人手一台平板电脑，可以非常熟练地进行信息检索、平板互动。在长期的课堂实践中，学生习惯了小组学习探究合作，组内有组长、记录员、发言官等各种角色，有问题能够合作解决，有疑问敢于大胆提出，有不同意见喜欢主动反驳，这些能力是孩子们学习过程中的特色。

【前测分析】

1. 你知道什么是百分数吗？你从哪里知道的？

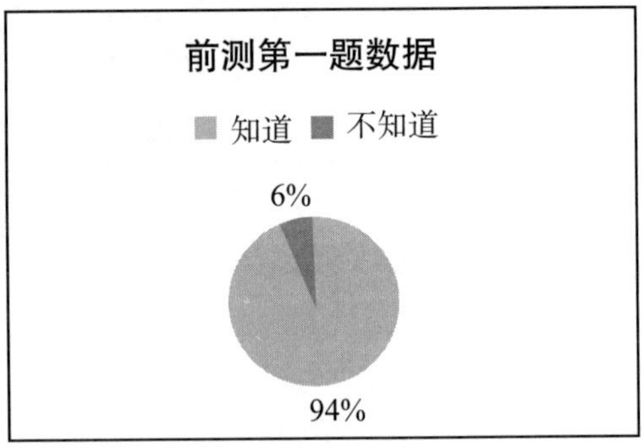

分析：学生们知道的途径五花八门，但基本都是来源于生活。由此可以看出，学生们对于百分数的生活经验比较丰富，这是本堂课教学的重要支点；

2. 下载进度25%，你知道是什么意思吗？请你描述一下。

有14个学生回答“如果把下载进度平均分成100份，现在的进度占25份”；

还有32个学生的回答不够准确，但基本能理解意思。

3. 百分号前的数能有小数点吗？百分号前的数能大于100吗？

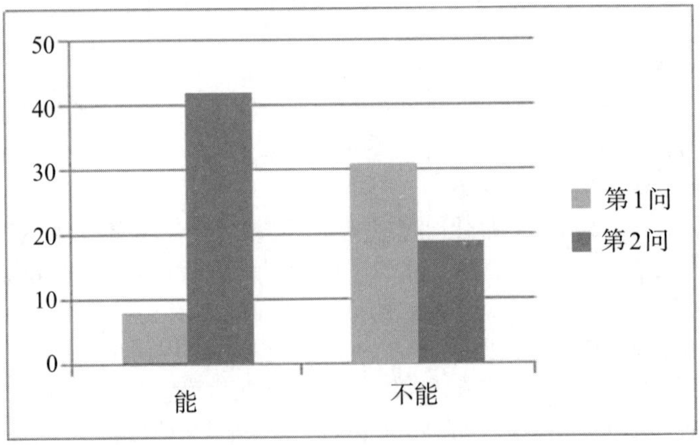

分析：由此可以看出，学生受分数的影响，对百分数的实质并不是太理解，需要在课堂上进行辨析巩固。

【大数据分析】

通过我本人的教学经验以及对多位有经验的老师的走访，对比历届学生学习这个知识点的情况，得出这样的分析：

续表

六年级的学生生活经验已经比较丰富了，在生活中或多或少都接触过百分数。对百分数的读法、写法和百分号基本了解，课中不必占用太多时间。课堂教学重在对百分数意义的理解。

通过前测和大数据分析，我又专门制作了微课让学生们在课前观看，微课内容里包含了百分数各部分的名称、读法和写法，重点意义留待课堂上交流讨论。

五、教学目标

(1)理解百分数的意义，会正确读写百分数；

(2)经历从实际问题中抽象出百分数的过程，体会引入百分数的必要性；

(3)在探究中培养学生多角度思考，在交流中培养质疑的习惯。

六、教学重难点

【教学重点】

多角度理解百分数的意义。

解决措施：

(1)课中通过独立思考、合作共学、视屏观看，多元感知、深入理解百分数意义；

(2)将百分数与分数进行用对比、辨析、联系，触发学生思维外显，归纳百分数的意义，建立数学模型。

【教学难点】

(1)体会百分数产生的必要性；

(2)理解百分数与分数的联系和区别。

解决措施：

(1)数形结合，将百分数的便捷性放在数轴上感知，理解百分数的产生源自人们对十进制的熟悉；

(2)通过学习空间的留言板，学生提出自己心中存有的疑惑，先在线上互动(其中提问最多的就是关于分数与百分数的区别)，带着他们第一次建构的思想进入课堂。

课中进行第二次交流建构。在这次讨论中，先让学生沟通两者的相同地方，理清共同点后再聚焦不同点。不同之处学生不好表达，通过即问即答的信息化方式帮助学生理解，再次总结，拉长时间、变换方式，突破难点。

七、课程资源

课前前测题单、反馈数据、微课视频、课堂反思单、课后习题设计。

八、教学方法与工具

【教学方法】

移动终端下的探究式学习。

【教学工具】

PPT、学生平板、教师端互动软件。

续表

核心问题：百分数是什么？

九、教学流程（概念课）

流程1：情境引入导入新课 → 流程2：互动交流形成概念 → 流程3：观看视频理解概念 → 流程4：对比分析固化概念 → 流程5：拓展迁移应用概念 → 流程6：梳理整合课堂小结

<table>
<tr><td>教学环节</td><td>教师活动</td><td>学生活动</td><td>设计意图</td></tr>
<tr><td>情境引入</td><td>(1)课前小游戏：我说你标。

(2)刚才在标数的时候，你有什么感受？</td><td>(1)学生利用平板积极互动，把50、67.5这些数标在数轴上。
(2)预设：我发现这些数在第一根数轴上很好标，在第二根数轴上不容易找准确。</td><td>课前热身，为百分数出现后感受百分数便捷性做铺垫。360这个数是后续题目中通分后会出现的数。</td></tr>
</table>

<table>
<tr><td colspan="3">教学重难点（核心问题：百分数是什么？）</td></tr>
<tr><td>问题及活动任务</td><td>学生活动及预设</td><td>教师调控及重难点处理</td></tr>
<tr><td>子问题1：这三个球星去罚点球，谁去罚更合适？

</td><td>预设：我用分数来比，他们进球的数量分别占罚球的$\frac{34}{40}$、$\frac{49}{60}$、$\frac{31}{36}$，将分母都通分成360。我们就发现C罗去罚球更合适。</td><td>师引导：好像有同学不同意这个建议，能举个例子说明吗？
师评价：看来这个问题不适合利用和差关系去比较。
师评价：有理有据，用我们五年级学过的分数和通分的方法比较，大家同意吗？</td></tr>
<tr><td colspan="3">环节意图：这是课眼，唤起学生用两个数量的倍比关系进行比较的方法。而通分成360，不便化为百分数，这会作为百分数出现后的对比素材。</td></tr>
</table>

<table>
<tr><th>问题及
活动任务</th><th>学生活动及预设</th><th>教师调控及重难点处理</th></tr>
<tr><td>子问题2:受球星们影响,小朋友们也开展了足球比赛,又该让哪个小朋友去罚球呢?
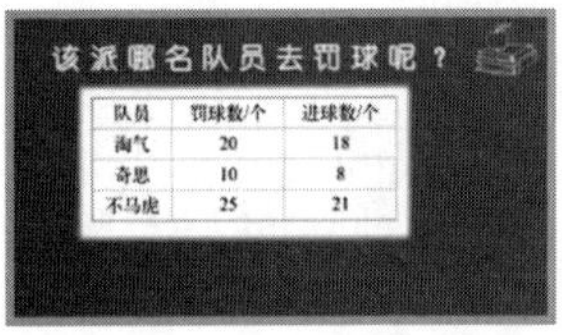

活动1:学生独立思考,采用自己喜欢的方式作出选择,并在小组内交流。每个小组推选一个同学在全班汇报。</td><td>预设1:我们还是可以采用分数比较的方式,把它们都通分成100,发现淘气去罚球更合适。
预设2:我们还可以用除法,把它们都变成小数,同样是淘气去罚球更合适。
预设3:其实刚才那个小组把它们都通分成一百了,还可以直接变成90%、80%和84%,这样比较更一目了然。
预设4:就是先看他们进的球占罚球的几分之几,再把分母扩分成100,把分数线和100变成%,就有了百分数。</td><td>(1)学生讨论时,教师巡堂,并掌握学情,确定展示路径,按预设中的顺序依次展示。
(2)师适时引导:
师追问:这样的数叫——百分数,是怎么来的呢?
(3)抓住百分数关键词,进行发散,从狭义和广义上促进孩子们理解。</td></tr>
<tr><td colspan="3">环节意图:该素材是教材内容,促进了学生多角度思考问题,其数据方便通分成100,为学生自主生成百分数提供了便捷。教师在课堂调控中,按照由易到难、由具体到抽象的顺序请学生展示,体现了教师的有效引导。</td></tr>
<tr><th>问题及
活动任务</th><th>学生活动及预设</th><th>教师调控及重难点处理</th></tr>
<tr><td>活动2:观看微视频。

子问题3:你心中的百分数是什么?</td><td>学生观看微视频。
预设1:我心中的百分数是左右结构。
预设2:我心中的百分数没有单位。
预设3:我心中的百分数是一个数占另一个数的百分之几。
预设4:我心中的百分数是一个方便比较的数。
预设:方便比较,一目了然。</td><td>(1)教师播放微视频。视频结束后采用无序发言的方式(即学生想说就站起来说,中间不停顿)。
师评价:刚才同学们各抒己见,在你们的表达中,体现了百分数的外在样子、百分数的意义、百分数的作用。谢谢你们为百分数赋予了这么多内涵。
(2)师追问:只有这个原因吗?(停顿)</td></tr>
</table>

续表

<table>
<tr><td colspan="2">子问题4：为什么生活中人们要广泛使用百分数呢？

</td><td>（学生恍然大悟，纷纷举手）
预设1：在100里面，我们很容易知道另一个数在什么位置。
预设2：除了比较，还能方便我们看出这个数跟100的关系。
预设3：那有没有千分数呢？</td><td>师引导：想想我们开课的游戏。（PPT重新打开开课小游戏。）
师引导：的确如此，人们计数时更习惯十进制，用几十和一百做比较，它们之间整体与部分的关系更容易被人们看明白。
师反问：你们觉得呢？</td></tr>
<tr><td colspan="4">环节意图：
（1）视频播放，大量的素材冲击，调用学生多元感知，促使学生将数学与生活相联系，用语言表征思维时会更有个性、更有深度；
（2）数形结合，促使学生自主归纳，进一步感受百分数产生的必要性，突破难点。</td></tr>
<tr><td>教学环节</td><td>教师活动</td><td>学生活动</td><td>设计意图</td></tr>
<tr><td rowspan="2">对比分析固化概念</td><td>（1）展示课前孩子们的疑问，抽取提问频率最高的问题请孩子们再次讨论：
A. 百分号前的数能不能是小数；
B. 有了分数为什么还要有百分数；
C. 有没有千分数、万分数；
D. 百分数和分数有什么区别。</td><td>预设1：我知道了百分号前的数可以是小数，这跟我们以前学过的分数可不一样。
预设2：我的问题解决了，生活中百分数很多是因为它使用起来很方便。
预设3：有千分数、万分数。</td><td>这些问题是学生课前提出的疑问，课堂中要帮孩子解决真问题。</td></tr>
<tr><td>（2）组织学生进行共学交流：
分数和百分数有什么相同点和不同点呢？
那它们有什么不同点呢？</td><td>（2）学生积极讨论，并上台展示：
预设1：相同点是他们都表示把整体平均分成多少份，占整体的几份。
预设2：他们的相同点是都可以互化。
预设3：分数可以带单位，也就是可以表示数量，但百分数不行，只能表示分率。</td><td>通过先找相同点，再看不同点的方式，体现了异中求同、同中求异的辩证思想。</td></tr>
</table>

续表

教学环节	教师活动	学生活动	设计意图
对比分析固化概念	(3)出示练习题。 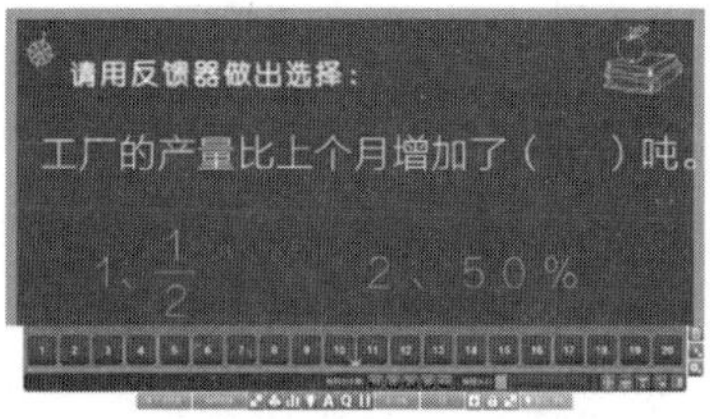	(3)学生投票反馈。	用练习固化，用反馈数据进行课堂评价。
拓展迁移应用概念	 利用平板电脑互推功能，将页面推送给学生，学生在对应的成语下方写出百分数。	学生在平板上书写，并回传到教师端。	用四个成语，让学生写出对应的百分数，既增加乐趣，又能了解学生的书写状况。
课堂小结	完成课堂反思单。 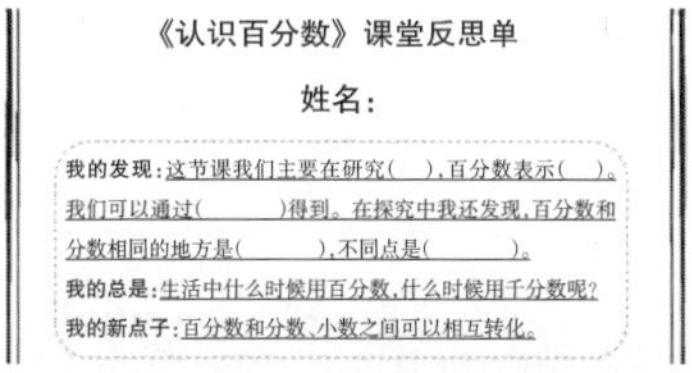 《认识百分数》课堂反思单 姓名： 我的发现：这节课我们主要在研究（　），百分数表示（　）。我们可以通过（　　　）得到。在探究中我还发现，百分数和分数相同的地方是（　　　），不同点是（　　　）。 我的总是：生活中什么时候用百分数，什么时候用千分数呢？ 我的新点子：百分数和分数、小数之间可以相互转化。 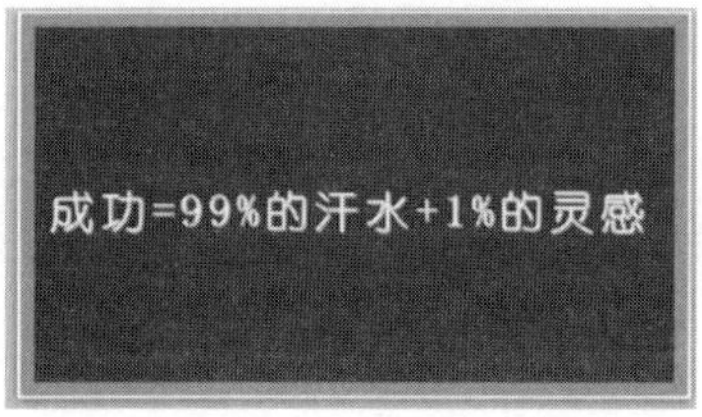	学生自主回顾学习过程，填写反思单。	引导学生明确本课研究的问题，并产生新的疑问，养成将所学知识结构化的意识。

续表

十、板书设计

主板书	副板书
认识百分数 80%　读作：百分之八十 什么是百分数？ 表示：(1)每踢100个，进80个； (2)把踢的球平均分成100份，进的占80份。	学生新问题

“认识百分数”课堂反思单

姓名：________

我的发现：这节课我们主要在研究（　　　），百分数表示（　　　）。我们可以通过（　　　）得到。在探究中我还发现，百分数和分数相同的地方是（　　　），不同点是（　　　）。

我的问题：生活中什么时候用百分数，什么时候用千分数呢？

我的新点子：百分数和分数、小数之间可以相互转化。

课后习题设计

1.（模仿）你认为该派哪名队员？说说理由。

六（1）班准备派下面队员中的一名参加学校的套圈比赛。下面是他们近期套圈情况统计。

姓名	套圈总数/个	套中数/个
笑笑	20	17
淘气	10	9
奇思	25	20
妙想	50	46

2.（变式）连一连。

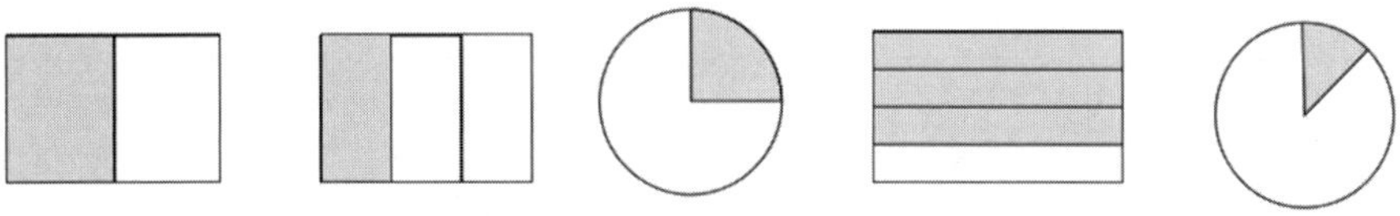

33%　　50%　　75%　　12.5%　　25%

3.（拓展）全班50名同学考试，其中100分有5人，95～99分有16人，90～94分有27人。你能根据上述信息作出扇形统计图吗？

《认识百分数》
教学+阐释

笔记

凡　卡

省赛小学组一等奖　黎金凤

【学情分析】

小说这种文体，对已经有一部分阅读积累的六年级孩子来说，是常见的文体。在读懂故事情节，理清文章脉络，概括主要内容方面，在第一课时的教学中，学生也都能基本掌握。通过体会凡卡“反复的哀求”的书信语言特点及“三次叹气”的反复作用，来进一步感悟人物命运的悲惨。

【设计理念】

本课的教学坚持以“课文为实例”“用课文学语文”的理念，以“1+X”群文阅读的 “整合”思想为策略，坚持“一课一得”的做法。抓住本课在表达上最显著的特点—— 使用了反复手法，创新性地展开教学，让学生习文悟法，提升语文能力。

【教学目标】

1.了解沙皇统治下穷苦孩子的悲惨生活，受到情感熏陶，有感情地朗读课文。

2.领悟文章“反复”的表达方法和作用。

【教学思想】

我的语文教学主张：在教学过程中引导学生感悟，不是给予而是唤醒。

【教学重难点】

领悟文章“反复”的表达方法和作用。

【课时安排】

1 课时。

【教学方法】

小组合作法、自主学习法。

【教学工具】

多媒体 PPT。

【教学准备】

在本课的第一课时，我们已学习了文章字词，概括了文章主要内容，理清了文章脉络，认识了作者，初步了解了文章的创作背景。

【教学过程】

一、回顾旧知，整体把握

凡卡的遭遇让你想到了哪个词？

（悲惨、可怜，他吃不饱，穿不暖，睡不好觉，过着连狗都不如的生活。）

【设计意图】结合第一课时的学习和课前的预习笔记，使学生逐步养成课前深度预习的学习习惯，同时引导学生用概括性的语言来表达，对课文整体回顾，整体把握。在教学上能形成一个整体，学生易于掌握，体现了从整体到部分再到整体的教学原则，同时也抓住了教材的特点。

二、对比感悟“悲惨遭遇”，感知反复

请同学们快速勾画出凡卡信中直接乞求爷爷接他回乡下的句子。（板书：乞求）

出示课件：

①

亲爱的爷爷，发发慈悲吧，带我离开这儿回家，回到我们村子里去吧！我再也受不住了！……

②

带我离开这儿吧，要不，我就要死了！……

③

亲爱的爷爷，我再也受不住了，只有死路一条了！……

④

快来吧，亲爱的爷爷，我求您看在基督的面上，带我离开这儿。

⑤

亲爱的爷爷，来吧！

让我们一起来读一读：

“亲爱的爷爷”出现了几次？

“带我离开这儿吧”这句话，又出现了几次？

生：出现了三次。

大屏幕显示——简洁是天才的姊妹。

读凡卡信的内容，对比。

老师替凡卡写了一封不啰唆的信，大家看看这样写好不好？

PPT“请快速默读”

亲爱的爷爷康斯坦丁·玛卡里奇：

我在给您写信。祝您过一个快乐的圣诞节，求上帝保佑您。我没爹没娘，只有您一个亲人了。我在这里生活得很痛苦，不仅没学到做鞋的本领，还经常被老板、老板娘打骂，伙计们也捉弄我。每天都吃不饱饭，晚上睡在过道里，还要给他们的小崽子摇摇篮。我的生活没有指望了，连狗都不如。

爷爷，您接我回去吧。我会替您搓烟叶，我会为您祷告上帝。要是我做错了事，您就结结实实地打我一顿好了。要是您怕我找不着活儿，我可以去求那位管家的，看在上帝的面上，让我擦皮鞋；要不，我去求菲吉卡答应我帮他放羊。等我长大了，我会照顾您，谁也不敢来欺负您。

亲爱的爷爷，希望您能早日接我回家。

您的孙子

伊凡·茹科夫

是作者写得好，还是老师写得好？老师写得不啰唆了，为什么不好？

指导朗读五句反复的句子。不是文章本无情，情到深处才反复！

板书：反复情深。

三、探究“三次叹气”，理解“反复”

文中还有像这样的反复写法，大家能找到吗？（点拨：凡卡有一个动作反复出现了好几次，从中你体会到了什么？凡卡遭遇的悲惨。）

1. 体会三次“叹气”（板书）

请你具体说说三次“叹气”分别出现在文中的哪个部分？

第一次“叹气”是凡卡偷偷写信前，在这一叹气中他想表达什么呢？

（担忧、恐惧、不安）

第二次“叹气”是乡下美好生活的回忆回到现实中，凡卡又为什么叹气？

（是对过去美好生活的向往，而如今的生活又是多么令人心酸、令人忧伤啊！）

第三次“叹气”时在信中倾诉了挨打、介绍了莫斯科见闻以后，这一叹气又让你感受到了什么？

（繁华、热闹的莫斯科竟容不下一个九岁的孩子，他是多么的孤独、寂寞、痛苦。）

全班齐读。

2. 反复的作用

文章中运用反复可以加强语势，抒发强烈的感情。回答得非常准确。此处应该有掌声！（板书：加强语气，抒发感情）

【设计意图】凡卡之“苦”，体会“悲惨”看世态炎凉，领悟“悲惨”这是学生理解的难点，通过品读、揣摩、分析了解文章反复这一特色，感受凡卡悲惨的命运，从而更加深刻地明白社会主义的美好生活。这一环节的设计，体现学生的主体作用，在此环节的教学上都处于主动的位置上，而且学生的思维也一直处在活跃状态。这无疑能使学生的思维得到很大发展，能力也能在潜移默化中得到培养。

文中还隐藏着反复，你发现了吗？

是的，凡卡朝窗户外看这个动作，也反复出现了好几次。

【出示结尾】教师配乐朗读：

一天，再一次被狠心的老板毒打，凡卡毅然起身，冲进了茫茫大雪之中。突然，凡卡对面飞来一辆马车，凡卡没注意，顿时倒在了血泊之中。马车停了下来。原来是喝得醉醺醺的邮差驾着马车撞倒了凡卡，邮差非但不下马车救凡卡，反而轻蔑地对凡卡说：“穷小子，撞死活该！……”说完，便用手一撕，再一撕，再撕，再撕……手一扬，风一吹，凡卡给爷爷写的信变成千万只蝴蝶，漫天飞舞……凡卡用剩下的最后一口气，轻轻地叫了一声：“爷——爷……”用剩下最后一点力气，捡了一张碎片，放在胸前，慢慢地死去了……

四、拓展阅读，领悟“反复”

反复的写法在很多作家的笔下也经常出现。【出示反复手法的句子】

①再见了，亲人！再见了，亲爱的土地！

再见了，亲人！我们的心永远跟你们在一起。——《再见了亲人》

②爱我中华，健儿奋起步伐。爱我中华，建设我们的国家。

爱我中华，中华雄姿英发。爱我中华！ ——《爱我中华》

③“妈妈，如果你不介意，我长大的时候，要做这渡船的船夫。”

“妈妈，如果你不介意，我长大的时候，要做这渡船的船夫。”

——泰戈尔《对岸》

④握手再握手，笑了再笑。我们回敬，主人再举杯，我们再回敬。

——《草原》

教师小结：反复的手法，可以使——情感表达更强烈、更充沛。

【设计意图】这个环节意在对前面学到的知识的一个巩固运用，并检测学生目标的达成度：要想增强文章的语气或使感情更加强烈，可以运用反复的写法。

五、“我的作业我做主”

（1）你想给自己布置什么作业？

（2）建议：

①写一篇读后感。

②读契诃夫的其他作品。（爱读书的孩子可以去读读《契诃夫短篇小说选》《变色龙》《装在套子里的人》）

③ 改写结尾。

凡卡

笔记

Octopus is a friend

省赛小学组二等奖　王　爱

一、学生情况分析

学生为六年级学生。

1. 已有认知

学生对朋友的概念有一定的认识，但不能深刻理解和体会患难见真情的道理。能理解运用 sad，went after，went out，能熟练使用过去式描述谁做了什么。

2. 学生特点

学生观察力强，善于观察图片细节；积极活泼，课堂参与度强；思维灵活，善于思考。

二、教学目标

1. 知识技能目标

（1）知识目标

通过情境、图片、卡片来理解 rock，Spotty Fish，这类名词词汇。

通过听、模仿动作来让学生理解、能说理解文本的关键词汇：went tickle，went snap。并且能用以上词汇来回答问题。

（2）能力目标

通过听英语，培养学生听的能力。

通过讨论和交流，培养学生说英语的能力。

通过观察图片阅读文本，培养学生阅读英语的能力。

通过问答讨论，培养学生用英语思考的能力。

通过图片和声音来理解 scared 这类情绪词汇。

通过模仿动作来让学生理解、能说理解文本的关键词汇：went tickle，went snap。

2. 思维品质目标

通过听、读故事，培养学生理解故事的能力。

通过学生猜测，培养学生的推理判断能力。

通过学生理解思考，培养学生的批判思维能力。

3. 情感态度目标

体会章鱼和斑点鱼交朋友，却被拒绝的难受；在斑点鱼遇到危险时，出手相救的决心和勇气；交到朋友的高兴。

教育我们在与人相处中，要善待别人，才能获得友谊。

三、教学思想

《英语课程标准（2011）》指出通过英语学习，使学生初步形成综合语言运用能力，促进心智发展，提高综合人文素养。绘本分级阅读能促进阅读能力的发展，培养阅读习惯，以及阅读品格与价值观的发展，使他们在体验阅读乐趣中，掌握阅读的方法（王蔷，陈则航）。绘本阅读提供了语言情境，学生在观察、提问、理解中学会预测、分析、判断、质疑和反思，提升阅读能力和思维品质。

四、课程资源分析

本绘本取自外语教学与研究出版社出版的《多维阅读　第6级》中故事类读物，文本字数约150词。描述Octopus和Spotty Fish交朋友的过程。

五、教学内容分析

1. [What]主题意义和主要内容

本文为记叙文，是故事话题，描述了Spotty Fish对Octopus先感到害怕，Spotty Fish遇到Shark时，Octopus出手相救并获得友谊的故事。

2. [Why]写作意图

作者通过讲述Octopus和Spotty Fish交朋友的过程，让读者理解朋友的含义，进行交友方面的教育。

3. [How]文本结构和语言修辞

本文为记叙文，图文并茂，以Spotty Fish和Octopus的关系为线索进行故事讲述。首先，Octopus想交朋友，Spotty Fish不愿意；然后是Spotty Fish遇到Shark，Octopus出手相救；最后，他们成为朋友。全书采用过去时态，包含与主题相关的词汇和短语：sad，go away，went after，went snap，was gone，went out，went tickle，out came，went up，动词短语较多。

六、教学重难点

1. **教学重点**

通过对图片的观察和文本的阅读，理解故事的发展。

通过问答和讨论，培养学生的语言表达能力。

通过预测、猜测、分析、判断、评价，培养学生英语学科的思维能力。

2. **教学难点**

通过动作和模仿，理解动作词汇，如went snap，went tickle。

通过神态和表情，理解情感类词汇，如scared of。

七、教学方法与工具

1. **情境教学法**

理解故事发生的环境和目标语使用的语境。

2. **交际教学法**

让学生展开问答和讨论。

3. **全省反应法**

理解动作的含义和动作背后的情感。

4. **图片环游法**

帮助学生理解故事的发展。

八、教学安排

1. **Pre-reading读前部分**

Activity 1：A Guessing game.

【设计意图】激发学生对章鱼已有的语言上和生活上的认知，提升学生阅读的兴趣。

Activity 2：Talk about the book cover. 封面阅读。

Talk about the title，editor. 谈论标题和编者。

Guess the story：Who may be his friend? 预测故事：谁会成为他的朋友？

【设计意图】了解故事角色；阅读封面，形成封面阅读的习惯；训练学生从封面中提取信息的能力；让学生提出问题，想知道什么，提升学生的阅读专注力。

2. **While-reading读中部分**

Activity 1：Listen and read from P2–P9 and find：who may be his friend?

听读P2–P9，思考：谁会成为他的朋友？

Activity 2：Picture tour. 图片环游（P2–P9）。

P2–P3

Is Octopus sad? Why? 章鱼伤心吗？为什么？

Explain Spotty Fish. 解释斑点鱼。

【设计意图】教会学生观察细节，培养观察文本能力，推测文本能力。

P4–P5

What would he say to Spotty Fish? 章鱼可能对斑点鱼说什么？

Is Spotty Fish happy? 斑点鱼开心吗？

Did Spotty Fish like to be his friend? 斑点鱼愿意做他（章鱼）的朋友吗？

P6–P7

Who’s coming? 谁来了？

What did Shark want to do? 鲨鱼想干什么？

P8–P9

Where is Spotty Fish? 斑点鱼在哪儿？

What happened? 发生了什么？

Who will help? 谁会帮忙？

Students guess:What will Octopus do to help? 请学生猜测:章鱼会怎样去帮助斑点鱼？

【设计意图】图片环游帮助学生进入故事的情境；帮助以Octopus心理变化为顺序的绘本结构；以问题为引导，提升学生对细节的关注能力、预测能力、判断能力。

Activity 3：Listen, read and find：What did Octopus do to help?

听读故事，寻找：章鱼会怎么帮忙？

Teacher do and say. Students do and say. 学生和老师共同模仿。

【设计意图】利用图片、动作、语言、表演等多种方式理解文本。

Activity 4：Summary of the story.归纳故事

3. **Post-reading 读后部分**

Activity 1：Read and think：If you were Octopus, would you help?

思考：如果你是章鱼，你会帮助斑点鱼吗？

【设计意图】独立阅读，培养学生良好的SSR（Sustained Silent Reading，持续默读）的习惯；合作中，提高语言交际能力，研究文本能力。

Activity 2：Talk and share： If you were Octopus，would you help? Why?

讨论：如果你是章鱼，你会帮助斑点鱼吗？为什么？

【设计意图】反思文本，迁移情境于自身，内化所学。给学生表达交流的机会，体现课堂自主；利用结构图帮助学生重组文本，再现文本。

4. **Homework 家庭作业**

Choose the one you like.（选择你最喜欢的一项作为家庭作业。）

（1）I can read.（和家人再次阅读本书。）

（2）I can tell.（和朋友分享 Spotty Fish 和 Octopus 的故事。）

【设计意图】根据不同梯度的学生，设计各个层次的作业。可以再次阅读，可以分享阅读，也可以上网查找资料。把世界带到课堂，把课堂带到生活，让学习继续，让思维升华。

九、教学评价

课堂中通过语言、表情、动作进行及时评价。

十、预习任务

预读故事，勾画出不懂的词句。

查找与章鱼相关的介绍。

十一、课后作业

Choose the one you like.（选择你最喜欢的一项作为家庭作业。）

（1）I can read.（和家人再次阅读故事。）

（2）I can tell. （和朋友分享故事。）

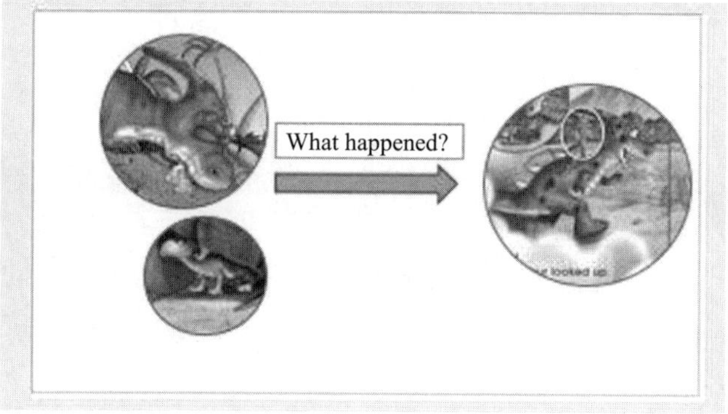

Octopus is a friend

笔记

鸡兔同笼

省赛小学组三等奖　刘飞雁

【课标要求】

（1）会独立思考，体会一些数学的基本思想。

（2）体验与他人合作交流解决问题的过程。

（3）通过实践活动，感受数学在日常生活中的作用，体验运用所学的知识和方法解决简单问题的过程，获得初步的数学活动经验。

【教学内容】

人教版教材四年级下册第104~105页例1。

【教材分析】

9 数学广角

大约一千五百年前，我国古代数学名著《孙子算经》中记载了一道数学趣题——“鸡兔同笼”问题。

这道题的意思就是：

笼子里有若干只鸡和兔。从上面数，有35个头，从下面数，有94只脚。鸡和兔各有几只？

104

1 笼子里有若干只鸡和兔。从上面数，有8个头，从下面数，有26只脚。鸡和兔各有几只？

按照顺序列表试一试。

鸡	8	7	6	5					
兔	0	1							
脚	16	18							

（1）如果笼子里都是鸡，那么有8×2=16只脚，这样就多出26−16=10只脚。

（2）一只兔比一只鸡多2只脚，也就是有10÷2=5只兔。

（3）所以笼子里有3只鸡，5只兔。

你是怎么想的？小组同学互相交流一下。

105

做一做

1. 有龟和鹤共 40 只，龟的腿和鹤的腿共有 112 条。龟、鹤各有几只？

2. 新星小学“环保卫士”小分队 12 人参加植树活动。男同学每人栽了 3 棵树，女同学每人栽了 2 棵树，一共栽了 32 棵树。男、女同学各有几人？

阅读资料

你知道古人是怎样解决“鸡兔同笼”问题的吗？

（1）假如让鸡抬起一只脚，兔子抬起两只脚，还有 94÷2=47 只脚。

（2）这时，每只鸡一只脚，每只兔子两只脚。笼子里只要有一只兔子，则脚的总数就比头的总数多 1。

（3）这时脚的总数与头的总数之差 47−35=12，就是兔子的只数。

古人的算法可以用下图表示：

$$\begin{matrix}\text{头}\cdots\\ \text{脚}\cdots\end{matrix}\begin{pmatrix}35\\94\end{pmatrix}\xrightarrow{\text{脚减半}}\begin{pmatrix}35\\47\end{pmatrix}\xrightarrow{\text{下减上}}\begin{pmatrix}35\\12\end{pmatrix}\xrightarrow{\text{上减下}}\begin{pmatrix}23\\12\end{pmatrix}\begin{matrix}\cdots\text{鸡}\\ \cdots\text{兔}\end{matrix}$$

106

“鸡兔同笼”问题是我国古代民间广为流传的数学趣题，最早出现在《孙子算经》中。教材在本单元安排“鸡兔同笼”问题，一方面可以培养学生的逻辑推理能力，另一方面使学生体会代数方法的一般性。

教材的编排有以下特点：

（1）教材首先通过富有情趣的古代课堂，生动地呈现了在《孙子算经》中记载的“鸡兔同笼”问题，并通过小精灵的提问激发学生解答我国古代著名数学问题的兴趣。

（2）注重体现解决“鸡兔同笼”问题的不同思路和方法。

（3）让学生进一步体会到这类问题在日常生活中的应用。

【学情分析】

（1）对于四年级的学生来说，他们已初步接触多种解题策略，会一些基本的解决数学问题的方法。

（2）学生已初步具备一定的归纳、猜想能力，但在数学的应用意识与应用能力方面需进一步培养。“鸡兔同笼”问题是我国古代著名数学趣题，容易激发学生的探究兴趣。“假设法”对学生来说比较陌生，教学中要抓住其特点，讲解算理，让学生逐步掌握，根据具体问题引导学生分析理解，拓宽学生思维。

（3）多数学生对数学学习有一定的兴趣，能够积极参与研究，但在合作交流意识方面发展不够均衡，有待加强；少数学生的学习主动性不够强，需通过营造一定的学习氛围来加以带动。

【教学目标】

（1）使学生初步认识“鸡兔同笼”的数学趣题，了解与此有关的数学文化，培养学生学习数学的兴趣和合作精神。

（2）尝试用不同的方法解决“鸡兔同笼”问题，使学生初步体会列表、画图、假设等数学方法，发展学生的思维能力。

（3）利用“鸡兔同笼”这一载体，渗透化繁为简、数形结合、方法优化、假设等数学思想。

【教学重点】

借助“鸡兔同笼”这个载体，让学生经历解决问题的过程，积累数学活动的经验。

【教学难点】

（1） 让学生理解体会“假设”的思想方法。

（2）让学生将“鸡兔同笼”这一问题迁移到实际生活，用“假设”的方法解决更多的问题。

【课型】新授课

【教学方法】探究法、小组讨论法、讲授法

【教学具准备】课件

【教学过程】

一、课前谈话，引导猜测（约3分钟）

（1）教师电脑作画——圆形和两竖线，学生猜，可能是什么。

（2）老师描述鸡的特点，并揭晓答案。（课件出示汉字：鸡）

（3）分析：圆形是鸡的头，两条竖线是鸡的腿。

（4）动画添上两条竖线，学生猜可能是什么动物。

（5）老师揭示：兔。（课件出示汉字：兔）

（6）老师引入本课内容，课件出示《孙子算经》原题。

【设计意图】①引导学生对未知的东西进行猜测，并且根据老师的提示，不断调整自己的猜测，鼓励学生大胆尝试。②出现数学画，为后面学生形象地理解假设法做好铺垫。③激发学生兴趣，在一种轻松的谈话氛围中揭示课题，进入本知识的探究和学习。

二、理解题目，自主探究（约20分钟）

1. 理解题意，化繁为简

（1）学生读题，谈谈对题目的理解。

（2）把古文翻译成现代文。（课件出示）

（3）学生找出数学信息。（预设：鸡和兔一共有35只，鸡和兔的脚有94只。）

（4）学生继续寻找隐藏信息。（预设：一只鸡2只脚，一只兔4只脚，一只兔比一只鸡多2只脚。板书：信息）

（5）化繁为简：这个问题和我们平时研究的问题比起来如何？需要我帮些什么？（预设：把数改小些。）

（6）课件出示改小后数据：我们先从简单情形入手，看能不能从中找到一些方法。

【设计意图】渗透“化繁为简”的数学思想。

2. 独立思考，合作探究

学生可以独立思考，也可以和同桌进行讨论，然后在本子上写写画画，解决这个问题。

3. 交流汇报，方法优化

预设可能出现以下情况：

（1）猜测，列表。

①学生汇报自己的想法，老师把学生的想法记录在表格里。

②生生评价。

③师点拨：（以4鸡4兔为例）4和4哪来的？为什么不调成5只鸡3只兔？

（引出：4鸡4兔脚少了，说明兔子少了，所以要把兔子增多，同时保证头数不变，要把鸡减少。）

④思考：还可以从几只鸡几只兔开始猜测？

⑤教师根据学生的回答，完成表格的填写。

⑥课件出示完整的表格，师小结：我们把这些所有的猜测按顺序列成表格，从自己的猜测出发，在表格里一步一步地调整就能找到正确答案。观察表格，说说自己的发现。（预设：每把一只鸡换成一只兔，都会增加2只脚，每把一只兔换成一只鸡，就会减少2只脚。）

⑦强化：如果脚要减少6只，该把几只兔换成鸡？怎样算的？脚要增加10只呢？

⑧师小结：其实不管如何变化，有一个量是始终没变的，你找到了吗？（预设：都是8个头）火眼金睛，看来，假设也不是盲目乱猜，还是要有依可循。

⑨认识猜测列表法的局限性：受数据大小局限。

（2）假设法。

①学生在黑板上边画图边解释自己的方法。

②生生质疑，师生质疑，并用课件帮助理解。以8只鸡为例，此过程中，着重解决：这是一种假设，脚少了，就要把鸡换成兔，把一只鸡换成一只兔可以增加2只脚，要增加10只脚，就要把5只鸡换成兔。

③学生自己试着“假设全是兔”来解决这个问题。

④两人合作汇报交流，一人画图解说，一个写算式。

⑤学生观察这两种方法，说说自己的发现。

预设：

a. 都是把笼子里的动物全部假设成一种；

b. 两种方法中的“2”，一个是增加2只脚，一个是减少2只脚；

c. 假设全是鸡，算出的是兔，假设全是兔，算出的是鸡。

⑥师总结：整个过程中，“2”显得尤为重要。它究竟是什么？

（预设：两种动物的腿数差。）

【设计意图】尊重学生，给学生充分的思考和交流时间，在学生最朴实的“猜测”的方法基础上，引出列表，在此过程中让学生发现变化和不变的规律；同时，渗透优化的思想，让学生认识到列表方法的局限，引出“极端假设”的方法。

三、数学经典，了解文化（约12分钟）

（1）总结本课所用到的方法。（预设：列表、假设全是鸡、假设全是兔。）

（2）学生观察这些方法，找出它们的相同点。（预设：都是假设。板书：假设）

（3）调整刚才所列的表，把所有的假设都列入表中，观察比较哪种假设最简便。

（4）学生选用自己喜欢的方法解决《孙子算经》中的原题。

（5）二人合作展示，一个解说，一人写算式。

（6）课件演示介绍古人解决这个问题的办法。

（7）观察比较所有方法的共同点。（预设：都是假设的方法。）

【设计意图】让学生明白所有的方法中都是“假设”思想的道理，并让学生体会解决问题方法的多样化。

四、揭示课题，实际应用（约5分钟）

（1）揭题，课件出示：鸡兔同笼。

（2）学生谈本节课的收获。

（3）课件出示练习：

自行车和三轮车共有7辆，共有18个轮子。问：自行车有几辆？三轮车有几辆？

【课后作业】

寻找有趣的“鸡兔同笼”问题，与同学交流，并尝试相互解决。

【板书设计】

【教学反思】

本节课通过创设生动的问题情境，让学生投入解决问题的实践活动中去，自己去研究、探索、经历数学学习的全过程，从而体会到假设的数学思想的应用与解决数学问题的关系。通过学习使学生认识到数形结合的重要性，提高学生分析问题和解决问题的能力。在学习中注重鼓励每个学生参与学习过程，注重学生之间的交流，使学生共同学习，共同进步，共同提高，使学生的主体意识和探究精神得到培养，创新潜能得到开发，让学生获得亲自参与探究学习的积极体验。这节课主要是为了体现以下几个方面的内容：

（1）充分调动学生的积极性

当问题提出后，我并没有急于讲解做的方法，而是先让学生独立思考，再在小组内交流，最后全班共同研究讨论。使同学们在民主、和谐的氛围中拓宽了思维，实现了运用多种方法解决问题的目的，体现了学生是学习的主人。

（2）关注每一个同学的发展。

由于学生原有认知背景的不同，他们在解答本课时的题目时存在较大的差异，所以，在同样的列表中，学生的认知水平也有一定的层次。但在教学的过程中，我并没有提出统一的要求，允许不同的学生采用不同的解题方法。在交流时，有些学生用逐一列表的方法，也没去指责他们，而是肯定他们想出好的方法；对于比较优秀的学生，让他们根据题目的条件灵活选择适当方法。这样做，不同的学生在同一节课中就会都有不同程度的提高。

（3）体会到数学就在我们身边。

通过学习，学生知道了假设的数学思想不仅可以解答古代趣题——鸡兔同笼问题，还能解答我们身边的问题，拓宽学生对鸡兔同笼问题的认识，帮助学生建立数学模型，掌握解决这一类问题的方法。

（4）提高了学生发现问题和解决问题的能力。

在探究中，学生发现和提出问题的能力得到培养，提升了解决问题的能力以及表达思想和交流成果的能力，学会利用多种有效手段，通过多种途径获取信息。

对于这节课，我也有以下几个方面的困惑：

（1）学生学习这一内容的起点在哪里？教师该如何把握？

“鸡兔同笼”在原来的四年级教材中是没有编排的，因为它的思维较复杂，一般的学生难以掌握，但对于思维活跃、有过奥数方面训练的学生，又非常的简单，那么教师在教学中，到底该如何把握好学生学习这一内容的起点呢？如何处理学生两极分化的问题呢？

（2）如何帮助学生形成完整的知识结构？

在课堂教学中，列表、画图、假设三种解决“鸡兔同笼”问题方法被割裂成三块，学生的认知水平只是停留在用多种策略解决问题的基础上，他们对三种方法间的关系认识不足，不利于学生形成完整的知识结构，教学中是否还需要进一步挖掘这三种方法之间的关系。

鸡兔同笼

笔记

再别康桥

省赛中学语文组一等奖　李　挚

一、教学理念

（1）通过真实阅读，发展学生的深度阅读能力。努力让学生在语文学习过程中，获得辩证思维的发展与提升，以及深刻性、批判性等思维品质的提升。

（2）现代诗歌的教学，应当注意引导学生在反复诵读的基础上，品味语言、理解意象、感受作品丰富的情感。同时，落实诗歌鉴赏的具体方法，勾连古代诗歌，感受优秀文化的传承与发展。

（3）诵读教学应注意让学生在朗读中，通过品味语言，体会作者及作品中的情感态度，学习用恰当的语气语调进行朗诵，表达自己对作者及其作品情感态度的理解。

二、教材解读

《再别康桥》一诗是“新月派”诗人徐志摩的传世之作。徐志摩崇尚闻一多“音乐美、绘画美、建筑美”的诗学主张，因而他的诗歌具有语言清新、音韵和谐、想象丰富、意境优美、神思飘逸的特点。

《再别康桥》具有极高的诵读教学价值。但在传统教学中，一方面，诵读往往成了理解诗歌内涵的辅助，教学的重点更多地落在意象分析、主题解读、知人论世等层面，这种偏于理性分析的教学方式，对于学生真正感受诗歌的美是有局限的；另一方面，由于学生诵读知识积累有限、诵读水平参差不齐，教师较难对本诗的朗读做出比较有效的指导，所以朗读也就流于形式或者变成干瘪的技法知识讲解。因此，本课教学在将诗歌情感的把握、意象的分析和诵读技巧的指导融为一体，引导学生通过诵读，表现出自己对作者及作品情感态度的理解。

三、学情分析

本课的授课对象是高一年级上期的学生，该学年段的学生对现代新诗认识不足，对于徐志摩和《再别康桥》虽有一定的了解，但比较宽泛。因此，学生较难理解徐志摩在与康桥离别时的复杂情怀。同时，由于缺乏必要的朗诵知识和朗诵技巧指导，学生虽对朗诵有着极大的兴趣，但并不能真正将自己对文本的理解，通过朗读传递出来，遑论进行艺术创作。因此，学生学习本课，一方面要了解专业的朗诵知识和技巧，一方面要在教师的引导和帮助下，大胆诵读，通过诵读理解诗歌的情感，通过对情感的深度理解，对文本进行具有美感的朗诵。

四、教学目标

（1）了解基本的朗诵知识，学习掌握制定朗诵脚本的基本方法。

（2）理解《再别康桥》蕴含的复杂情感，能有美感地朗诵诗歌。

五、教学方法

问题探究、朗读体悟、合作讨论等。

六、教学内容与过程

（一）课前预习任务

（1）初读《再别康桥》，读准字音，读清停顿。

（2）阅读《朗诵的基本技巧》，了解相关知识。

（二）课堂教学内容

（1）对意象和语言进行品析，理解《再别康桥》蕴含的复杂情感，制定相应的朗诵脚本。

（2）运用所学的朗诵知识，对《再别康桥》进行具有一定艺术美感的朗诵。

（三）教学重点

理解《再别康桥》蕴含的复杂情感，制定相应的朗诵脚本。

（四）教学难点

运用所学的朗诵知识，对《再别康桥》进行具有一定艺术美感的朗诵。

（五）教学思路和流程

环节一：名言导入

【设计意图】以关于诵读的名言导入，引出本课教学主题——朗诵。

环节二：初读正音

（1）要求学生齐读全诗，注意读准检查字音、读清停顿。

（2）学生齐读。

（3）小结：朗诵和朗读是有区别的，朗诵除了读清楚，读流畅，还需要读出作品的意蕴，读出自己的理解，读出艺术的美感。

【设计意图】初读诗歌，纠正字音、停顿，为之后读准情感、读出美感做铺垫。

环节三：二读悟情

任务（一）：初读情感，预设朗诵脚本

（1）根据诗歌标题，确定诗歌的表达的情感。（教师相机引导：根据自己的阅读经验，举例说明。）

（2）学生思考作答。

（3）根据“离别之情”，预设第一小节的朗诵脚本。

（4）学生互动交流，思考作答。

任务（二）：确定基调，修订朗诵脚本

1. 教师示错（错误朗诵），引导学生关注阅读链接材料，确定本诗的感情基调。（出示 PPT：链接材料一　《再别康桥》的创作背景。）

链接材料一　《再别康桥》的创作背景

康桥（Cambridge），即英国剑桥，邻近康河，以剑桥大学闻名于世。1921—1922年，徐志摩在剑桥大学当特别生，剑桥的一切，给他留下了美好的印象。1922年，徐志摩回国前夕写下了长诗《康桥再会吧》。1925 年 4 月徐志摩重游，归国后写下了散文《我所知道的康桥》。1928 年，诗人第三次漫游欧洲。在一个明媚的夏日午后，独自悄悄来到康河，徜徉于昔日的校园，在回国的途中吟成了这首传世之作——《再别康桥》。

（2）学生阅读链接材料，思考作答。

明确：感情基调——哀而不伤。

（3）师生合作，修订朗诵脚本，并按照修改后的脚本齐读第一小节。

明确：

第一小节　朗诵脚本

情感——哀而不伤

语速——舒缓

语调——降调

语气——轻柔，不舍

（4）学生齐读第一小节。

【设计意图】通过比较朗读，辅以拓展材料，引导学生理解本诗的情感基调，进而修订朗诵脚本。

环节四：再读析象

任务（一）教师指导分析第二小节，确定朗诵脚本

（1）请一位学生以第一小节的朗诵脚本，诵读第二小节，其余同学辨析其优劣。

（2）学生听朗诵，思考判断。

明确：第二小节的情感是离别的伤感，不能沿用第一小节的朗诵策略。

（3）第二小节表达什么样的情感，从哪些意象可以看出来？（教师相机引导：出示 PPT，链接材料二　《徐志摩和林徽因的康桥绝恋》。）

链接材料二　《徐志摩和林徽因的康桥绝恋》

林徽因和徐志摩的故事，还有他们的那场康桥绝恋，曾让无数人动容，亦让无数人扼腕。在剑桥大学的校园，那条秀美的康河，曾见证了他们的美好，亦记下了他们的浪漫。他们在康桥的柳荫下谱写着依恋和浪漫，也在漫天的星辉里放舟和握别。在康桥涟起的柔波里，林徽因和徐志摩，两个被爱情点燃的少女和少年，互为彼此的梦，亦互为彼此的诗。他们灵感乍现，尽情地抒写着生命的诗意与春天，生命亦呈现出最柔曼的质感。

（4）学生思考作答。

答案示例：金柳，柳谐音“留”，表达了作者对康桥深深的眷恋之情。

（5）师生共同制定第二小节的朗诵脚本。

明确：

第二小节　朗诵脚本

情感——欢喜眷恋

语速——舒缓

语调——降中有升

语气——轻柔、充满爱意

（6）根据朗诵脚本，学生齐读第二小节：男生读前两句，女生读后两句。

任务（二）小组合作，分析第三至六小节，制定朗诵策略

（1）学生分组讨论，思考分析，自由朗读。（教师指导：巡视指导。）

（2）学生分组展示朗诵策略及制定理由，并推选代表朗诵该小节。（师生共同点评，确定朗诵脚本。确定后每一小节，均要求学生自由朗读，加深体会。）

朗诵脚本示例：

①第三小节　朗诵脚本

情感——缠绵多情

语速——舒缓

语调——降调

语气——坚定，心甘情愿

②第四小节　朗诵脚本

情感——满足幸福

语速——舒缓

语调——升调

语气——轻松愉快

③第五小节　朗诵脚本

情感——心潮起伏

语速——渐快

语调——升调（放歌）

语气——热烈奔放

④第五小节　朗诵脚本

情感——无奈感伤

语速——舒缓

语调——降调

语气——低沉

任务三：比较阅读，分析第七小节，优化朗诵脚本

（1）比较阅读第七小节与第一小节，思考朗诵脚本的优化方案。（教师相机进行范读。）

（2）学生自由朗读，互动交流，优化朗诵脚本。

【设计意图】通过分析意象和比较阅读，以教师指导和小组合作的方式，引导学生理解诗歌复杂的情感脉络，制定出本诗的朗诵脚本。

环节五：美读升华

（1）在三首音乐中，选出你觉得最适合作为配乐的一首。（教师播放音乐。）

（2）学生听音乐，思考判断。

（3）教师配乐范读。

（4）总结（结束语）：同学们，朗诵既是传播文字，也是展现生命，更是将文字与生命以艺术的力量完美结合。相信听了老师的朗诵，同学们也迫不及待想要开始展现你对诗歌的理解了，那么就让我们在朗诵中，陪着徐志摩《再别康桥》吧。（播放配乐，学生诵读。）

【设计意图】通过选择配乐和教师范读，引导学生体验诗歌朗诵的美，激发其美读的主观意识，培养学生的审美情趣。

（六）布置作业

（1）完善《再别康桥》的朗诵脚本。

（2）课后为《沙扬娜拉》或《雪花的快乐》制定朗诵脚本，并录制朗诵音频，在班级内分享。

（七）板书设计

朗诵 { 情感语调 / 语速语气 }

七、教学评价

（1）过程性评价：根据学生课堂上对《再别康桥》的初次诵读，适时评价学生预习作业完成情况；对课堂中，学生参与“制定第三至第六小节朗诵策略”的问题

思考、小组交流、发言的积极性和质量适时作出鼓励性、引导性为主的及时评价；对课堂中，学生现场生成的个性化理解给予充分尊重和恰当评价。

（2）结果性评价：根据学生课堂学习状态和效果的自我感受与学生反馈，反思教学设计以及教学实施中的缺漏和不足，及时改正和调整；安排学生以《再别康桥》为朗诵脚本，进行朗诵比赛；选出优秀的朗诵作品，在班级进行分享，并上传网络。

八、课程资源

（1）教学文本：徐志摩《再别康桥》。

（2）链接材料：《朗诵的基本知识》知识清单、链接材料一《再别康桥》的创作背景、链接材料二《徐志摩与林徽因的康桥绝恋》。

《再别康桥》据意定音，因情成诵

笔记

荷塘月色

省赛中学语文组一等奖　王瑜珈

【教材分析】

《荷塘月色》选自人教版高中语文必修二第一单元第一课，是朱自清脍炙人口的散文名篇。本单元学习写景状物散文。阅读这一类写景抒情散文，要展开想象的翅膀，力求身临其境，感受作者心灵的搏动，体会作品所描述的美景，由此进入一种审美境界。

作为必修二的开篇，这篇散文生动形象地描绘了素淡、朦胧、和谐、宁静的荷塘月色，追忆了热闹多情的江南采莲，情景交融，意蕴深厚，是非常具有朱自清特色的经典美文，也是现代抒情散文的名篇。

【学情分析】

学生在小学及初中阶段已经接触过朱自清的散文，如《春》《匆匆》《背影》等篇目，对朱自清及其文章特点已经有一定的了解。但初中的学习主要在于字句理解、情感体验、语感培养，高中要在此基础上就朱自清散文的选材、结构、手法、审美意蕴等方面进行拓展。

执教班级为高一实验班，课堂氛围较活跃。但学生的生活积淀和审美意识相对缺乏，大部分学生能感知荷塘月色的美丽，却不太容易理解作者细腻的情感，在课堂引导中需要从学生的兴趣点入手，循序引导学生多角度、多层次地深入理解和体会作者为我们描绘的优美图景和蕴含在字里行间的“淡淡的喜悦和淡淡的哀愁”，揣摩作者消除孤独、哀愁的方式。

【教学目标】

（1）赏析文本的“美”：优美的荷塘月色、热闹的江南采莲；

（2）体会作者的“情”：淡淡的喜悦和淡淡的哀愁；

（3）品味本文精妙的语言，学习通感、博喻等手法；

（4）揣摩作者消除孤独、哀愁的方式，培养学生审美情趣，增强散文鉴赏能力。

【课程资源】

[1] 朱自清.朱自清散文集[M]. 武汉：湖北教育出版社，2012.

[2] 王荣生.语文教学内容重构[M]. 上海：上海教育出版社，2007.

[3] 詹丹.阅读教学与文本解读[M]. 上海：上海教育出版社，2019.

[4] 程世和.《荷塘月色》与中国文人的“江南情结”——读杨朴《美人幻梦的置换变形》一文之商榷[J].学术月刊，2006(1).

[5] 吴欣歆.探寻作者的精神家园——散文专题单元中的《荷塘月色》教学设计[J].语文建设，2009(12).

[6] 杨明久.《西洲曲》浅析——兼谈其在《荷塘月色》中的妙有[J].中学语文，2000(11).

[7] 高固华.江南采莲在《荷塘月色》中的作用[J].阅读新视角，2019.

[8] 商金林.名作自有尊严——有关《荷塘月色》的若干史料与评析[J].中国现代文学研究丛刊，2018(12).

[9] 张小明.接着写·寓深意·有创新——朱自清《荷塘月色》与吴兆民《又见荷塘月色》对读[J].文学教育，2018(3).

【教学内容】

通过对自然美景（优美的荷塘月色）和文学美景（热闹的江南采莲）的分析，感受本文的“美”；通过对文本细节的解读，体会作者情感；进而揣摩作者消除孤独、哀愁的方式。

【教学重难点】

（1）教学重点：赏析文本的“美”、体会作者的“情”。

（2）教学难点：揣摩作者消除孤独、哀愁的方式。

【教学方法与工具】

（1）方法：诵读法、比较法、改写法、讲授法。

（2）工具：多媒体设备、音乐播放器。

【学习方法】

细读法、诵读法、比较法、合作探究法。

【教学课时】

两课时。

【教学准备】

制作多媒体课件；准备诵读配乐。

【预习任务】

（1）回顾已学的朱自清作品；

（2）查找相关资料，进一步了解朱自清及本文创作背景；

（3）反复涵咏文中优美的语句，体会作者情感。

【教学安排】

教学环节	教师活动	学生活动
(一)导入	(1)《背影》文段回顾； (2)本文美在何处？	(1)温故知新； (2)进入情境。
(二)赏其美	文中哪些描写或叙述让你觉得很美？ (1)荷塘月色(自然美景)。 ①赏析“月下荷塘”之美。 (对比修改文段,分析修辞妙处) ②赏析“塘上月光”之美。 (分析动词、叠词的使用,赏析文本意境) ③赏析“荷塘四周”之美。 (解决困惑,探讨作用,引向情感思考) (2)江南采莲(文学美景)。 ①古典的江南； ②诗意的江南； ③记忆的江南。	(1)齐读第四自然段,分享初读感受； (2)对比PPT上修改后的文段,谈谈理解(品味语言)； (3)结合语境,充分发挥想象,补充PPT中横线上的空白(调动想象,进入月下荷塘的情境)； (4)阅读PPT上选词填空文段,选出认为最恰当的词,并说明理由(炼字)； (5)谈对第六自然段环境描写的理解或困惑(感受情感变化)； (6)概括江南旧俗,感受江南采莲的诗意美； (7)结合引文,品味作者情感； (8)理解“这令我到底惦着江南了”。
(三)解其情	(1)美的源起:作者为何夜游荷塘？ (2)美的实现:江南采莲与荷塘月色有何关系？	(1)勾画关键句,品味情感； (2)讨论分析“另一世界”与“这一世界”。
(四)得其法	(1)自我调节法。 作者解决“不宁静”(拯救庸常生活中沉沦的心灵)的方法:向往自然的诗意、文学的诗意。 (2)散文写作法。 ①语言技巧:善用修辞； ②语言风格:朴素自然。	(1)主题探讨； (2)方法巩固: ①分析通感； ②仿句练习:博喻； ③概括风格。

【课后作业】

（1）完成课后练习题三；

（2）比较阅读本单元三篇散文，总结归纳散文的结构特征。

【板书设计】

家不宁静
- 荷塘月色
  - 月下荷塘
  - 塘上月光（自然美景）
  - 荷塘四周
- 江南采莲——暂得宁静——（文学美景）

家不宁静

【教学评价】

本课的设计从学生发现文本趣味入手，荷塘月色是有趣的自然美景，江南采莲是有趣的文学美景。在教学中通过改写文段、补写文段和选词填空等活动调动学生对于文本的参与，指导学生对荷塘月色三幅图景（月下荷塘、塘上月光、荷塘四周）进行解读，引导学生体味优美的意境、分析作者高明的表达，关注名句炼字，学习博喻、通感等修辞方法，力求身临其境，学生课堂参与度较高。

在对学生课前预习的调查中了解到学生普遍对文本为何要引用《采莲赋》《西洲曲》感到困惑，所以在课堂教学中，教师补充了全文（诗），让选段、选句还原到创作语境中，在学生理解引文的内涵基础之上，再引导他们作进一步探究，梳理作者的情感脉络。其中“江南采莲与荷塘月色的关系”探讨这一环节，学生逐渐理解了作者引用的诗文的原因，明确了作者的情感及走向。

赏其美、解其情，在对文本的内容和作者情感有了一定理解后，再引导学生总结方法，并辅之以句式练习，做进一步巩固。

作业的设置紧扣教材，课后第三题的众家评论有助于学生更好地理解、评价朱自清及其文，也为学生的评价提供了不同的角度和思路。在此基础之上，让学生阅读本单元余下两课，并尝试对比探究、归纳散文的结构特征。课后作业有待鼓励、督促落实。

荷塘月色

笔记

案例篇

演讲稿的特点和内容要素

省赛中学语文组三等奖　蒋婷婷

【教材学情分析】

一、教材分析

教师教学用书虽然确定了每个单篇的内容要点，由于本单元的特质是“活动探究”，要求从阅读走向写作，最后走向开展演讲活动，所以其整合的单元学习目标为：学习演讲词，理解其观点，感受其风格，获取有益的启示，把握演讲词的主要特点；了解写作演讲稿的常见技法，运用阅读所得，学习撰写演讲稿；通过多种方式学习演讲的技巧，进行演讲实践，举办演讲比赛，在“演讲—聆听—评议”的综合活动中提高在公开场合的表达能力。

单元的教学重点为，阅读课内演讲稿组文，把握演讲稿独特的内容图式和结构图式，运用演讲稿独特的内容和结构图式，围绕“我们今天怎样做学生”话题撰写演讲稿。单元的学习难点为，围绕“生活的选择”撰写演讲稿。

有限的时空决定了在教学内容的选择上，我们要高度聚焦：班级提前圈定演讲话题，便于集中火力为学生解决“写什么”的问题；借用课文经典文本，澄清演讲稿的内容图式和结构图式，为学生解决“怎么写”的问题，整个单元设计围绕演讲稿的写作图式这一核心和重点展开。

所以，在单元整体设计的框架下，本课的内容主要聚焦于演讲稿文本的内容要素即内容图式的澄清与把握。

单元整体分析：教材这样的编写设计要求我们进行教学统整，一是将写作话题聚焦为特定内容，这个特定内容可以是课文话题的延伸，如从《最后一次讲演》（面对正义与牺牲的选择）、《应有格物致知精神》（学习自然科学的方法选择）、《我一生中的重要抉择》（王选的人生八次抉择），引出“生活的选择”这个话题，同时以央视著名演讲节目《开讲啦》的“生活的选择”材料作为课程资源文本；二是阅读教学时，要改变日常单篇教学的模式，要进行课程的统整，最好以群文阅读的方式，将阅读目标指向演讲稿文本形式的探索，通过经典课文阅读，澄清演讲稿文本内容图式和结构图式，并以这样的“图式”建构学生演讲稿写作的思维图式。这样的教学思路，核心在演讲稿言语形式的建构与运用，直击语文核心素养“语言的建构与运用”这一核心基础，并进而延展为“思维的发展与提升”，直接聚焦语文的核心素养展开言语实践。

二、学情分析

演讲这种生活实用文体，学生可能会有接触，比如看过电视节目《超级演说家》《开讲啦》，也可能观摩过校园、社区或社会生活真实场景的演讲比赛，甚至还撰写过演讲稿或者参加过演讲比赛。对大多数同学而言，对演讲稿特点的把握，演讲稿撰写的实践，可能较少深度学习，也很难对演讲稿有清晰的认知。统编语文八年级下册将演讲稿学习设计为“活动·探究”单元，属于战略性选择，因为演讲对一个人一生的生活影响实在太大，美国的语文课，将演讲的学习和实践从小学贯穿到大学的全程和全员，就是明证。

演讲作为一种面对公众表明自己想法和意图的“口头的说”，是一个社会人必须具备的一种言语实践能力。统编语文教材将新闻、演讲、现代诗和戏剧设计成“活动·探究”单元，就是要突出演讲、戏剧等课程的言语实践的综合性和实践性特征，这是高中学习任务群学习的预演，是语用教学的转型标志。2019 年高考全国一卷二卷都把演讲作为考试文体，孙绍振教授评价：“全国一卷对考生提出了明确的文体要求——写作演讲稿，这是历史性的巨大突破。”统编语文教材八九年级设计的“活动·探究”单元，从这种意义上说，更是教材编写和教学实践引导的重大突破。这是一个基于真实情景任务的学习单元，要求将“阅读演讲稿—撰写演讲稿—开展演讲比赛”三个环节统整成为一个言语实践整体，层层递进，从阅读走向写作再走向口头表达，这就要求单元教学必须从言语内容走向言语形式。

关于“活动·探究”单元的“阅读演讲稿—撰写演讲稿—开展演讲比赛”三个显性教学任务的关键环节就是“撰写演讲稿”。它承前“阅读演讲稿”，要求运用阅读演讲稿中澄清出的演讲稿的内容图式和结构图式围绕确定话题写作；它启后“开展演讲比赛”，是演讲比赛的基础，高质量的演讲稿，是高质量演讲的基础。这样的设计就决定了演讲稿阅读要为撰写演讲稿服务，这就要求演讲稿阅读要澄清演讲稿的形式特征，要从文本内容走向文本形式，要对演讲稿的文本形式进行结构化建构，要有关于文本形式运用的策略性和程序性知识。这样的规律性知识澄清，对教师和学生而言，都是极大的挑战。

据此我确定了以下教学内容。

【教学内容择定】

一、内容概要

演讲的特点，演讲稿的内容要素。

二、教学目标

（1）搭建递进式活动阶梯，让学生在言语实践活动中生成把握观点的策略；

（2）以群段组合方式，澄清演讲稿的内容要素，认知演讲稿的内容图式。从段的文本走向整篇文本，在把握观点基础上认知演讲稿的内容图式。

三、教学重难点

重点：把握观点，认知内容图式。

难点：把握观点的策略。

【教学思想理念】

一、教学思想

1. 灵活使用教材

教是为了不教，教材应该是学材，教师可以根据教学的需要，灵活地使用和处理教材，可以把教材当定篇、例文、样本、用件随机使用。整合教材资源，围绕核心目标展开言语实践，在言语实践中建构演讲稿的内容图式。

“活动·探究”单元的编写，要求我们在教学设计时进行教学统整，一是将写作话题聚焦为特定内容，这个特定内容可以是课文话题的延伸，如从《最后一次讲演》（面对正义与牺牲的选择）、《应有格物致知精神》（学习自然科学的方法选择）、《我一生中的重要抉择》（王选的人生八次抉择），引出“生活的选择”这个话题，同时以央视著名演讲节目《开讲啦》的“生活的选择”材料作为课程资源文本。

2. 群文整合教学

要改变日常单篇教学的模式，要进行课程的统整，最好以群文阅读的方式，将阅读目标指向演讲稿文本形式的探索，通过经典课文阅读，澄清演讲稿文本形式的

阅读目标指向演讲稿文本形式的探索，通过经典课文阅读，澄清演讲稿文本形式的内容图式和结构图式，并以这样的“图式”建构学生演讲稿写作的思维图式。这样的教学思路，核心在演讲稿言语形式的建构与运用，直击语文核心素养“语言的建构与运用”这一核心基础，并进而可以延展为“思维的发展与提升”，直接聚焦语文的核心素养展开言语实践。

二、设计理念

课内课外对接：“课文+生活”话题单纯。

集中：怎样做学生群段整合。

探究：寻找中心句。

思维策略工具：关键词·话题·重点句·中心句。

图式直观思维：背景·话题·观点·思想。

【资源方法工具】

一、课程资源

课文经典片段组合，闻一多演讲视频片段，教师下载中央电视台《开讲啦》相关演讲视频与文字材料：

2013-09-07《开讲啦》（第 055 期方文山）主题：越平凡，越有选择权

2014-05-24《开讲啦》（第 094 期易中天）主题：这是我的选择

2015-10-10《开讲啦》（第 153 期李彦宏）主题：抉择改变人生

2018-01-20《开讲啦》（第 266 期王泽山）：国家的需求是我一生的追求

二、教学方法与工具

教学方法：直观体验法、群文阅读法、探究发现法。

教学工具：资源统整、结构化建构、思维导图。

【教学过程】

一、演讲开栏

同学们，你可知道，美国的语文课上，有两个学习内容贯穿从小学到大学的全程，一个是戏剧，一个是演讲。演讲能力是一个人一生中重要的能力之一。

竞选岗位，你要演讲；推销产品，你要演讲；阐释企业文化，你要演讲；项目

攻坚克难，你更需要演讲。演讲无处不在，学习演讲，可以说是我们每个人的人生必修课！

今天，就让我们开启“班级演讲栏目”，去亲近演讲，拥抱演讲，成为一个喜欢并善于演讲的人。

“班级演讲栏目”开讲啦！

二、感受演讲

什么是演讲？先请大家打开我们的五官和心灵，观赏一段精彩的演讲。

这是闻一多先生的《最后一次演讲》，一次酣畅淋漓、热情似火、冷酷如铁的生命呐喊！

这就是演讲：一种在公开场合把自己意图和想法表达出来的“口头的说”。

三、明确目标

我们语文教材八年级下册第四单元就是一个演讲的“活动·探究”单元，速读文本一的课文学习重点，快读圈点勾画关键词，探究演讲“活动·探究”单元学习目标的核心要点。

文本一

课文	学习重点
13 闻一多 《最后一次讲演》	(1)了解《最后一次讲演》的内容，把握演讲者的观点。 (2)注意演讲者的语气语调，感受演讲者强烈的爱憎情感。 (3)揣摩演讲者的语言，理解即兴讲演的特点。
14 丁肇中 《应有格物致知精神》	(1)了解演讲者的观点，领悟格物致知精神的内涵和现实意义。 (2)梳理演讲者的思路，把握演讲词层层推进的结构。 (3)理解演讲中事例对于观点的印证作用。
15 王选 《我一生中的重要抉择》	(1)了解演讲者的观点，把握演讲者对年轻人的态度。 (2)梳理演讲的思路，体会事例在演讲中的作用。 (3)感受演讲的语言特点，体会演讲者幽默的语言风格。
16 顾拜旦 《庆祝奥林匹克运动复兴25周年》	(1)结合奥林匹克运动复兴的历史和演讲的时代背景，把握演讲的内容。 (2)梳理演讲的思路，理解演讲者阐述的奥林匹克精神的内涵。 (3)感受演讲语言的庄重典雅风格，体会本文站位高、格局广的特点。

明确：把握观点，梳理思路，感受语言特点。

四、直击特点

演讲稿在观点表达、结构思路和语言表达上有何特点？

请大家高声朗读文本二——《最后一次讲演》片段。想一想，这个段落的中心句是哪句？请勾画出来。

完成以下四个任务：梳理关键词→明确话题→勾画重点句→确定中心句。

文本二

你们杀死一个李公朴，会有千百万个李公朴站起来！你们将失去千百万的人民！你们看着我们人少，没有力量？告诉你们，我们的力量大得很，强得很！看今天来的这些人，都是我们的人，都是我们的力量！此外还有广大的市民！我们有这个信心：人民的力量是要胜利的，真理是永远存在的。历史上没有一个反人民的势力不被人民毁灭的！希特勒，墨索里尼，不都在人民之前倒下去了吗？翻开历史看看，你们还站得住几天！你们完了，快了！快完了！我们的光明就要出现了。我们看，光明就在我们眼前，而现在正是黎明之前那个最黑暗的时候。我们有力量打破这个黑暗，争到光明！我们的光明，恰是反动派的末日！（热烈的鼓掌）

梳理关键词：你们（6次），我们（12次），人民（6次），光明（6次），力量（5次）

明确话题：人民的力量

勾画重点句：（1）你们将失去千百万的人民！（2）我们的力量大得很，强得很！（3）人民的力量是要胜利的，真理是永远存在的。（4）我们有力量打破这个黑暗，争到光明！

中心句：你们将失去千百万的人民！我们有力量打破这个黑暗，争到光明！我们会有千百万个李公朴站起来！

演讲是一种在公开场合把自己意图和想法表达出来的“说”，其内容核心就是要表达鲜明的主张和看法，这种表达的鲜明主张和看法，就是演讲的观点。

阅读演讲词，第一步就是要把握演讲的观点，把握观点的策略是：梳理关键词，明确话题，通过勾画重点句，通过比较寻找到观点。

五、探究要素

（1）分组阅读文本三和文本四，通过快速搜索关键词明确话题，依据话题和重点句，确定演讲的观点。

文本三

我觉得真正的格物致知精神，不但是在研究学术中不可缺少，而且在应付今天的世界环境中也是不可少的。在今天一般的教育里，我们需要培养实验的精神。就是说，不管研究科学，研究人文学，或者在个人行动上，我们都要保留一个怀疑求真的态度，要靠实践来发现事物的真相。现在世界和社会的环境变化得很快。世界上不同文化的交流也越来越密切。我们不能盲目地接受过去认为的真理，也不能等待“学术权威”的指示。我们要自己有判断力。在环境激变的今天，我们应该重新体会到几千年前经书里说的格物致知真正的意义。这意义有两个方面：第一，寻求真理的唯一途径是对事物客观的探索；第二，探索的过程不是消极的袖手旁观，而是有想象力的有计划的探索。希望我们这一代对于格物和致知有新的认识和思考，使得实验精神真正地变成中国文化的一部分。

文本四

我这个“快落山的太阳”跟大家讲的，更多的是自己一生奋斗过来的体会。我从我一生中觉得重要的抉择中，引发出一些话题跟大家来讨论。那时我们大一只分文科理科，不分专业。当时北大非常好，教我基础课的老师都是非常优秀的老师。我大学二年级即 1954 年进入北京大学的数学力学系。到了二年级的下学期分专业——那时候有数学专业，搞纯数学的；力学专业；还有计算数学——是刚刚建立的一个专业，同计算机是关联的。好的学生当时都报到数学专业去，觉得计算数学这个专业跟计算机打交道没有意义，很枯燥。当时卡片都是纸带的，非常烦琐，就这个烦琐的东西，不见得有很多高深的学问，所以很多学生都不愿意报。我一生中第一个重要的抉择，是选择了计算数学，正好赶上了计算机迅速发展的年代，这是我一生中的幸运，这个幸运跟我当初的抉择有关。为什么当初选这个方向呢？我觉得我这个抉择的一个重要的核心的想法是：一个人一定要把他的事业，把他的前途，跟国家的前途放在一起，这是非常重要的。我当时选择这个方向，就是看到未来国家非常需要这个。我非常关注我们国家的科学事业的发展，我看到了十二年科学规划里，周恩来总理讲了未来几个重点的领域，包括有计算机技术，我看了以后非常高兴，我觉得把自己跟国家最需要的这些事业结合在一起，是选择了正确的道路。这是我一生中第一个抉择，选择了计算数学这个方向。

文本三

话题：格物致知的实验精神。

观点：我觉得真正的格物致知精神，不但是在研究学术中不可缺少，而且在应付今天的世界环境中也是不可少的。

文本四

话题：人生重要抉择。

观点：我一生中第一个重要的抉择，是选择了计算数学。

（2）分组研读文本五和文本六，看看演讲稿除了话题和观点的内容要素外，还有其他哪些要素。

文本五

（　　）（观点）——我觉得真正的格物致知精神，不但是在研究学术中不可缺少，而且在应付今天的世界环境中也是不可少的。

（　　）在今天一般的教育里，我们需要培养实验的精神。

（　　）——就是说，不管研究科学，研究人文学，或者在个人行动上，我们都要保留一个怀疑求真的态度，要靠实践来发现事物的真相。

明确：话题、背景、思想

文本六

（　　）——我这个“快落山的太阳”跟大家讲的，更多的是自己一生奋斗过来的体会。我从我一生中觉得重要的抉择中，引发出一些话题跟大家来讨论。

（　　）（观点）——我一生中第一个重要的抉择，是选择了计算数学。

（　　）——为什么当初选这个方向呢？我觉得我这个抉择的一个重要的核心的想法是：一个人一定要把他的事业，把他的前途，跟国家的前途放在一起，这是非常重要的。

明确：话题、背景、思想

六、学习小结

演讲特点

公开场合·意图想法·口头的说演

讲稿内容要素

背景—话题—观点—思想

七、即兴演讲

班级演讲栏目开讲了！你对生活选择、人生抉择，有怎样的经历和思考？欢迎大家做客“人生选择”班级开讲栏目演讲，讲述你的、你身边人的故事，畅谈你对人生选择的思考感悟。

话题：人生的选择

设计：背景、话题、观点、思想

教师“下水文”

人生选择的学问

语文八年级下册第四单元是一个关于演讲的“活动·探究”单元，这个单元的《我一生中的重要抉择》《最后一次讲演》《应有格物致知精神》几篇演讲稿，能够给予我们很多人生的启发。如果要从这几篇演说里找一个话题和诸位同学做分享交流，我最愿意拿“人生的选择”这个话题来谈。

我们的青春该怎样度过？我们的人生该怎样度过？我们选择怎样的人生才更有价值和意义？这都是我们需要认真思考和真诚对待的人生问题！这是一门很有学问的必修课，我们不妨从王选、闻一多、丁肇中他们的人生选择中获得启发和教益。

在大学二年级选择专业时，王选没有选报热门的数学专业，而是选择了当时大家觉得枯燥、烦琐、没有高深学问的计算数学专业。非常关注国家科学事业发展的王选，看到十二年科学规划里，周恩来总理讲了未来几个重点的领域，就包括有计算机技术。他觉得，一个人一定要把他的事业，把他的前途跟国家的前途放在一起。后来的事实证明，把自己的前途命运和国家的前途命运结合起来的人生选择，是他一生的幸运，也是北大方正最大的幸运。

国家至上，民族至上，为了国家的前途，因为民族的命运，在国家正义与个人死亡的抉择面前，闻一多选择了前脚跨出大门，后脚就不准备再跨进大门的义无反顾。这是另一种将个人命运和国家前途命运捆绑成为命运共同体的人生抉择，为了国家民族，甘愿抛头颅，洒热血，面对死亡，义无反顾。

“志不达者智不强！”唯有选择将个人前途命运与国家、民族、世界的命运联结成为一体的人生，才可能前途光明，前景灿烂，潜力无限。丁肇中为了静待夸克的拜访，选择了格物致知的实验物理，选择了在实验中寂寞坚守。这种志存高远的选择，脚踏实地的坚守，让他登上了仰望原子世界的巅峰。

选择，是人生的必修课！人生的道路虽然漫长，但紧要处常常只有几步，特别是年轻的时候。真诚希望诸位在人生的重大选择面前，能够有爱、有家，有国！

八、板书设计

演讲的特点：公众场合　说　意图想法

（针对性·鼓动性·口语性）

演讲稿的内容要素：

背景、话题、观点、思想

九、课后作业

根据“生活的选择”话题，明确自己要表达的观点，借助相关资料的阅读，按照“背景—话题—观点—思想”的内容要素，写一篇演讲稿。

话题：生活的选择

请从下列任务中任选一个，以特定身份面对特定情境完成演讲稿写作。

① 小学六年级开学典礼上，以学生会主席身份演讲。

② 七年级新生见面会上，以九年级同学身份演讲。

③ 初中毕业典礼上，以高中毕业班同学身份演讲。

④ 在高中选修课推介会上，以大学同学身份演讲。

【教学评价反思】

一、教学评价

评价标准：关键词句把握的频度标准。

能否依据话题遴选的关键词、重点句的复现频度，准确判断观点句（中心句），并能依据中心句和主旨句的区别，甄别观点句和思想句。

运用把握观点的策略认知演讲稿的内容图式。

二、教学反思

本堂课基于分析技术的关键词梳理、话题整合、统整文本寻找观点的策略，是学生平常学习中较少遇见的理性学习，因为大部分语文课堂教学具有模糊性，少有思维训练，学生在遭遇这样的探究性活动性学习时，自然会有短暂的不适应，但我们的教学需要这样的理性技术手段的介入。这节具有阅读策略教学的设计，以活动探究为手段，以课文段落群文为载体，让学生在活动探究中对把握观点和演讲稿的内容要素有清晰的认知并能运用。从实践效果看，学生自主活动的时间，教师还可以提供得更为充分一点。

演讲稿的特点
和内容要素

笔记

对数的概念

省赛中学数学组一等奖　夏　雪

一、教学内容和教学重点

“对数与对数运算”作为高一新教材的内容，被安排在必修一第二章“基本初等函数”的第二节。本节共分三个课时完成，对数概念为第一课时。对数概念对于高一的学生来讲是一个全新的概念。此前，学生已经学习了指数与指数函数，明白了指数运算是已知底数和指数求幂值，而对数则是已知底数和幂值求指数，二者是互逆的关系。对数概念的引入，能够反映数学的本质，展现数学的发生和发展过程，体现高中数学新课程理念；对数概念的学习，既加深了学生对指数的理解，又为后面对数的运算性质及对数函数的学习做准备，有承上启下的作用。

对数的性质和运算性质，在本质上可以看作是对数定义的一个深化理解。具体体现在：探究对数的性质和运算性质时，实质上是将指数式转化为对数式；探究换底公式时，是将对数式转化为指数式，都体现了定义中指对数式可以互化这一核心内容。

由此，本节课的教学重点是：

（1）对数概念的建构；

（2）指数式与对数式的相互转化。

二、教学问题诊断分析

（一）学情分析

通过对指数与指数幂的学习，学生具备了探索、发现、研究对数定义的认识基础；但是对于学生来说，指数与对数关系的转换，不同于初中学习的基本运算，对数也是一个陌生的概念，因此在接受与理解对数概念上，存在一定的难度。因此，需要教师重视问题设计，始终从学生最近发展区设置问题，遵循自主探究，合作交流的学习方式，充分发挥学生的主观能动性，在探究活动中培育学生的数学素养。

（二）教学难点

根据学生的学习实际，确定教学难点为“对数概念的理解”。

针对这样的教学难点，采用如下的突破策略：

（1）创设情境，揭示背景，说明对数引入的必要性；

（2）狠抓对数的定义，加强对数定义的深化理解，留足时间熟练对数与指数的转化；

（3）注重运用逆向思维探究指数与对数概念，自主探究与合作交流结合。

三、教学目标设置

根据教学内容的特点和学生学习现状，本节的教学目标制定如下：

（1）理解对数的概念，了解对数运算与指数运算互逆关系，掌握对数式与指数式的互化；

（2）通过指数性质转化为对数性质的过程，培养学生逆向思维能力，初步形成研究一个代数运算对象的“基本范式”；

（3）树立事物发展的辩证关系和矛盾转化的观点，感受化归、类比、特殊到一般等数学思想，渗透数学文化。

四、教学支持条件分析

（一）教学思想

1. 学生发展为本，立德树人

高中数学课程以学生发展为本，落实立德树人根本任务，培育科学精神和创新意识，提升数学学科核心素养。根据对数概念的特点，要求全体学生深入理解概念本质；相关拓展和数学文化的要求，因人而异。

2. 把握数学本质，启发思考

对数的概念通过创设合适的教学情境，启发学生思考，引导学生把握数学内容的本质。通过展现对数的产生、发展和运用过程，采用独立思考、自主学习、合作交流等多种学习方式，激发学习对数的兴趣，养成良好的学习习惯，促进学生实践能力和创新意识的发展。

3. 重视过程评价，聚焦素养

既要关注学生学习的结果，更要重视学生学习的过程。本节课通过探究对数概念的形成，即时开展过程评价，让学生从中感受转化与化归、数形结合、类比、从特殊到一般的数学思想，进一步培育学生的数学抽象、数学运算等核心素养。

（二）教学策略与教法、学法

1. 合理创设情境，引入研究的问题

通过创设恰当的问题情境，介绍对数的产生发展过程，再由古巴比伦泥板问题引出如何解指数式方程中“已知底和幂求指数”问题. 引发认知冲突，让学生明确对数产生的背景，初步感受引入对数的必要性，为抽象出对数的定义提供先行组织者。

2. 将对数的定义作为本节课教学的主线

在本节课的教学过程中，以学生为主体，以对数发展为主线，让学生了解为什么要学，要学什么，尽力渗透类比、化归等数学思想方法，采用提出问题、启发引导、共同探究等教学模式，提升学生的数学抽象和数学运算能力。

本节课采用启发式与探究式相结合的方法，具体实施教学。

教具：多媒体（投影仪）、PPT课件、翻页笔、几何画板。

学具：教材、草稿本、直尺、铅笔。

五、教学过程设计

（一）情境引入

伽利略说：给我空间、时间及对数，我就可以创造一个宇宙。

天文的迅速发展，需要大量计算大数的乘法和除法，难度极大，于是对数应运而生。

（二）感知概念

问题探究一：

2^n	1	2	4	8	16	32	64	128	256	512	1024	2048	4096	…	1 048 576	…
n	0	1	2	3	4	5	6	7	8	9	10	11	12	…	20	…

利用上表计算：

$256\times4096=$　　　　　　　　$1\ 048\ 576\div1024=$

（$2^m\times2^n=2^{m+n}$）　　　　　（$2^m\div2^n=2^{m-n}$）

揭示简化运算的方法是将数的乘除转化为指数幂的加减，而关键是寻找幂指数。

问题探究二：

古巴比伦泥板上的问题：有一笔钱，利息为每年20%。问经过多长时间以后，这笔钱变为原来的2倍？

解：设经过x年后，钱变为原来的2倍.

即$1.2^x=2$

则$x=?$

已知底数和幂，求指数.

【设计意图】 对数于学生而言是一个全新的内容，为了调动学生的兴趣，预设情景。同时揭示数学史上对数产生的原因——大数运算。

问题探究三：

对于方程$1.2^x=2$，这里的x存在吗？为什么？

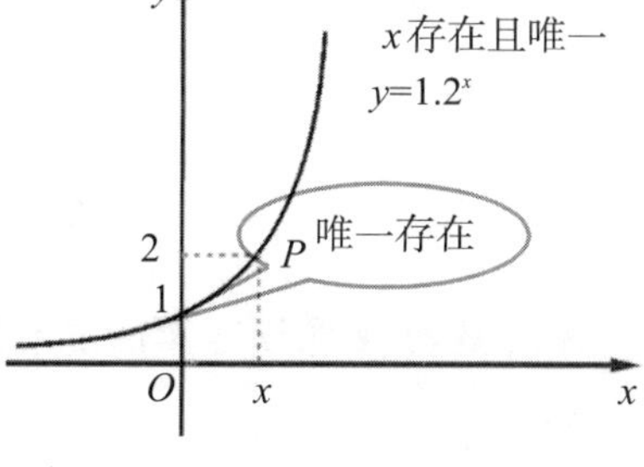

【设计意图】 通过数形结合得出方程的解存在且唯一，让学生感受到对数定义的合理性，并体会对数与指数的运算关系，为抽象出对数定义打下认知基础。

（三）形成概念

对数的表示：17世纪，笛卡尔发明了幂的记号，指数概念才应运而生；17世纪末，欧拉揭示了指数与对数之间的密切联系，并创用了 $\log_a N$ 这一记号。

【设计意图】通过上述问题，启发学生要将 $1.2^x=2$ 中的 x 表示出来，需要新的符号，使得学生更容易接受记号 $\log_a N$ 。

$$1.2^x=2\Rightarrow x=\log_{1.2}2$$

$$2^x=5\Rightarrow x=\log_2 5$$

$$a^x=N\Rightarrow x=\log_a N$$

$\log_a N$ 的含义为 a 的多少次幂等于 N。

【设计意图】让学生尝试将指数式转化为对数式，让学生形成初步认识，使学生更容易接受对数的定义。

1. 对数的定义

一般地，如果 $a^x=N(a>0,a\neq 1)$ ，那么 x 叫作以 a 为底 N 的对数，记作

$$x=\log_a N$$

其中，底数 $a>0$ 且 $a\neq 1$。

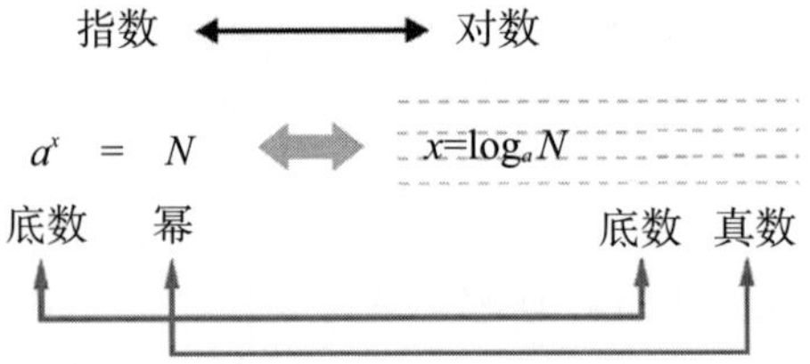

【设计意图】使学生进一步理解对数，学习指数式与对数式的互化，强化学生的转化化归能力。

问题探究四：

如何研究对数的性质呢？

【设计意图】明确方法，为对数的性质与运算性质的探究提供思路，提高探究效率。

2. 对数性质的探究（分小组合作探究）

教师提供指数中的性质 $a^0=1$， $a^1=a$ ，幂为正，指数可取一切实数，希望学

生得出对数中对应的性质：$\log_a a=1$，$\log_a 1=0$，真数为正，对数可取一切实数。

A组：（1）$\lg_3 1=$______；　（2）$\lg 1=$______；　（3）$\ln 1=$________.

B组：（1）$\lg_{0.5} 0.5=$______；（2）$\lg 10=$______；（3）$\ln \mathrm{e}=$________.

完成后总结归纳一般情况：

	指数	对数
性质	$a^0=1$	$\log_a 1=0$
	$a^1=a$	$\log_a a=1$
	幂为正	真数为正
	指数可取一切实数	对数可取一切实数

【设计意图】 熟悉指数式与对数式的相互联系转化思路，深化对数的概念理解，同时为对数运算性质的探究做铺垫。

（四）运用概念

1. 例题分析

例1　将下列指数式化为对数式。

（1）$5^4=625$　　（2）$2^{-6}=\frac{1}{64}$　　（3）$(\frac{1}{3})^m=5.73$

（4）$10^2=100$　　（5）$\mathrm{e}^0=1$　　（6）$a^1=a\,(a>0$且$a\neq 1)$

例2　将下列对数式化为指数式。

（1）$\log_3 9=2$　　（2）$\log_{\frac{1}{2}} 16=-4$

（3）$\lg 0.01=-2$　　（4）$\ln 10=2.303$

【设计意图】针对本节课的目标（一）设置。通过指数式与对数式的互化，进一步理解对数的概念，并为后面得出两个常用等式做准备。

例3　求下列各式的值.

（1）$\log_{\frac{1}{2}} 1$　　（2）$\log_4 4$　　（3）$\lg 0.01$

（4）$\log_{\frac{1}{9}}3$　　（5）$\log_4 32$　　（6）$\log_a a^N (a>0且a\neq 1)$

（7）$a^{\log_a N}(a>0且a\neq 1)$

【设计意图】 针对本节课的目标（二）设置。例3意在让学生学会求对数式的值——求简单对数式的值时，如（1）（2）（3），可以直接根据对数的含义得出答案；对于较复杂的对数式，如（4）（5），我们可以设它的值为x，进而转化为熟悉的指数式，再进行求值。（6）（7）的设置，意在通过练习（4）（5）的分析，让学生自行推导出对数恒等式：$\log_a a^N = N$，$a^{\log_a N} = N(a>0且a\neq 1)$。

2. 学生练习

（1）求值$9^{\log_3 2}+\log_a a^3(a>0且a\neq 1)$。

【设计意图】 通过练习，巩固对数恒等式。

（2）比一比：以小组为单位，每个小组用指对互化或对数性质编制一道题并提供正确答案，其余小组抢答。答对得10分，答错扣10分，胜出的小组将获得奖励。

【设计意图】 引导学生参与题目的创制，有利于学生认清知识的本质，调动学生的积极性，增强学习兴趣，培养创新意识。

（五）回顾反思

（1）知识线：对数定义→指对相互转化→对数恒等式。

（2）方法线：转化思想→类比思想→由特殊到一般。

（3）研究一个“代数对象”的“基本范式”：

背景→定义→性质→运算性质→应用。

【设计意图】 及时巩固本节课的学习内容，尤其是对研究思路、研究方法进行总结，促进学生形成基本活动经验，养成善于思考、善于总结的学习习惯。

（六）布置作业

1. 复习巩固

习题2.2：A组1，2。

2. 综合应用

习题2.2：A组3，4。

3. 拓广探索

阅读课本68 ~ 69页，了解对数的发展史，并结合后续学习的相关内容，思考如何简化大数运算。

【设计意图】 根据教学内容并结合学生实际情况，分三个层次布置作业，融合新课标学业质量水平评价理念，体现对学生不同水平层次的检测评价。

六、教学评价

对数函数的学习一直以来就是初学函数的高一学生的“拦路虎”。如何引导学生自然接受对数的概念，并能理解与应用，是高中数学教师常常思考的问题。本节课的设计遵循以学生为中心，引导学生参与到“为什么引入对数概念”“对数是什么”“对数有哪些作用”等的新概念建构过程中，渗透数学史。通过问题链营造有效对话氛围，增强互动和及时反馈，提高课堂效率。本节课在内容上拓展了对数概念产生的必然性分析，借助学生具备的指数相关知识分析了对数的存在性，为学生更好地理解新概念搭建了必要的脚手架；在新概念的内涵解析方面通过沟通指对数关系，巩固了学生研究新概念的方法，为学生创造性地解决新问题提供了帮助；在知识的形成过程中，遵循事物认知的一般规律，以情境问题引入，继而转化。

让学生在明晰问题产生背景的基础上，深化“数学地”理解问题的习惯，从已有数学知识入手分析问题、解决问题，弄清楚问题的来龙去脉，进而在新概念的基础上进一步建构对数的知识体系，形成对数概念、对数运算、对数函数以及对数运用的大数学的学习观；例习题的配置上，力图体现知识的核心结构——指对数互化，在培养学生数学运算素养的同时，强调新知建构，着眼于对数性质的直接运用，为引入对数的必要性——便于大数运算搭建可感知的操作平台；教案的设计上也重视学生基本思想、基本技能的培养，用对应的眼光审视必然性，用数形结合的思想解释新问题，以必要的逻辑推理体验“数学味”，进而陶冶学生的数学情感。

本节课可以进一步思考如何为下一节运算性质奠定基础。

对数的概念

笔记

有理数加法

省赛中学数学组二等奖　王　飞

一、内容和内容解析（教学内容、课标要求）

1. 内容

研究有理数加法的问题，继而通过对运动中不同情况的探讨总结有理数的加法法则。

2. 内容解析

本节课是华东师大版《义务教育教科书·数学》七年级上册第二章第六节第一课时的内容。小学阶段，学生已经认识到用加法求两次运动的总结果。这里，通过类比的教学方法，让学生分类的讨论涉及不同方向的运动，从而提出研究有理数加法的问题。继而对两次运动中各种不同情况的讨论，启发学生写出加法算式。

教材中引入的问题开始并没有明确指出行走方向，旨在引起学生在有理数运算中对正负号的重视。在对各种情况的探索中，都要注意和的正负号与绝对值。

有理数的运算是初等数学的重要基础，在实际生活中应用广泛。作为有理数运算的起点——有理数的加法，它既是小学算数加法的拓展，也是有理数其他运算的前提。它甚至是整个初中学段乃至更高学段最基本的运算之一，为学生今后学习实数、代数式运算、方程、不等式以及函数等奠定基础。其中蕴含的数学思想方法在今后的学习中有着非常广泛的运用。

就第二章而言，有理数的加法是学习的重点，学生能否接受在有理数范围内进行各种运算，关键在于这一节的学习。

二、目标和目标解析（教学目标、教学思想）

1. 目标

（1）理解有理数的加法法则。

（2）能利用有理数加法法则进行简单的有理数加法运算。

（3）经历探索有理数加法法则的过程，体会类比学习的方法，体验分类、归纳和数形结合的数学思想方法。

2. 目标解析

（1）在问题情境中，学生能将不同的现象对应于两个有理数相加的不同情况。例如，将“先向右运动，再向左运动”对应于“正数+负数”，进而解释有理数的加法法则。

（2）学生能够根据有理数的加法法则计算两个有理数的和。

（3）通过探索有理数加法法则的过程，渗透分类讨论，数形结合的数学思想方法。

三、教学问题诊断分析（学情分析）

七年级的学生在观察和猜想的能力上已经较小学有了一定的提升，具备了一定的合作交流能力。但是受到学生思维发展水平和知识储备的限制，在分类讨论时，具体应该分多少类别，有多少情况等方面需要教师进行引导，甚至是直接讲解。因此，在此处给予学生一定的时间之后，教师应该及时介入。

学生对于同号两数的加法法则比较容易理解，而异号两数相加时情况比较复杂，学习难度较大。

此外，在根据加法法则进行有理数加法运算时，一定要强调学生按步骤进行计算，万万不可省略或“跳步骤”。因为学生在最初学习计算的过程中，就应该养成良好的计算习惯，从而达到计算题不丢分的效果。

四、教学重点与难点

基于以上分析，确立本节课的教学重点为理解有理数加法规定的合理性与能够运用有理数加法法则进行简单运算。确立本节课的教学难点为理解异号两数相加的法则。

五、教学支持条件分析（教学方法与工具）

为突出重点、突破难点，本节课主要采用问题驱动教学模式。通过问题驱动学生进行探究，结合小组合作学习的方式，利用学案和多媒体课件的动态演示过程，幽默、形象地将学生带入课堂。

六、教学过程设计

教学流程安排

活动流程图	活动内容	目的
活动 1　回顾往昔	温习数轴和绝对值内容。	温故而知新，并为本节课的学习巩固基础。
活动 2　小组讨论	通过一个问题情境引入本堂新课。	通过类比教学的方式，由学生在小学时已认识到的加法也可以理解为求两次运动的总结果引发思考。
活动 3　小组活动	小组合作探索出两次运动的多种可能性。	带领学生体会分类讨论和数形结合的数学思想方法。
活动 4　总结归纳	利用运动结果所得到的算式，自主归纳有理数加法法则。	锻炼和培养学生总结归纳的能力，体会数学的严谨性。
活动 5　例题讲解	例题讲解。	通过讲解例题，板书过程，引导学生总结解题步骤，规范学生书写，培养学生良好的运算习惯。
活动 6　课堂反馈	(1)做一做；(2)填一填；(3)练一练；(4)想一想。	利用习题强化学生掌握有理数加法法则，层层递进，逐步发散学生思维。
活动 7　课堂活动	学生展示解题过程。	掌握公式的应用。
活动 8　课堂小结	玩一玩。	通过设置 PPT 闯关游戏，活跃课堂氛围，吸引学生注意力，并通过练习从正向和逆向掌握有理数加法法则。
活动 9　目标检测	课堂检测。	通过习题检验学生本堂课知识的掌握情况。
活动 10　作业布置	布置作业。	课上延伸到课下，通过一道课后思考题激发学生对新知识的渴望，达到承上启下效果。

教学过程

课堂流程	师生行为	设计意图
1.回忆往昔	问题 1:数轴有哪三要素? 原点、正方向、单位长度。 问题 2:绝对值的意义。 (1)代数意义:一个正数的绝对值是它本身; 一个负数的绝对值是它的相反数; 零的绝对值是零。 (2)几何意义:数轴上表示数 a 的点与原点的距离。 师生活动:教师通过 PPT 上的两个问题,带领学生回顾已学知识。	在有理数加法法则的学习中需要用到数轴和绝对值的内容,因此通过复习为本堂课奠定基础。
2. 探索新知	问题 1:企鹅在一条东西向的跑道上,先走了 3 米,又走了 4 米,同学们能否确定它现在位于原来位置的哪个方向?与原来位置相距多少米?	在小学阶段,学生已经认识到用加法求两次运动的总结果。因此通过设置运动问题情境,将学生的思维放在已学知识的基础上,通过类比的学习方式,使学生能够更快地理解。
3. 小组合作	师生活动:将问题 1 抛给学生,让学生以小组为单位合作交流,共同探讨。 追问 1:通过刚才的讨论,我们发现到组与组之间的答案不同,甚至组内成员之间的答案也有不同。那么这是为什么呢? (学生独立思考) 师生活动:由学生独立思考后及时追问学生原因。通过学生总结发现到问题所在:因为我们不知道一出来是往哪个方向行走。因此在这里,我们需要去分类讨论一番。 问题 2: 为了统一,我们不妨规定向东为正方向,向西为负方向,那么你能想到利用什么来帮助我们解决这一问题吗? 师生活动:数轴。	培养学生合作交流意识,并通过讨论发现问题,使组内成员,组与组之间产生矛盾。以此引发学生更深层的思考。 合作交流发现问题之后再让学生独立思考去分析问题。让学生了解处理问题的途径。问题 1 的引入并没有明确行走方向,旨在引起学生在有理数运算中对正负号的重视,追问 1 是为了让学生体会到分类讨论的数学思想。

续表

课堂流程	师生行为	设计意图
4. 探索新知	问题 1:(分类一)如果企鹅先向东行走 3 米,再继续向东行走 4 米,则它最终位于原来位置的哪个方向? 与原来位置相距多少米? 师生活动:教师引导学生从形的角度,即借助数轴来直观表示人物的运动过程。 追问 1:你能列出一个算式来表示吗? 师生活动:此过程为要求学生从数的角度对上述运动过程进行分析。 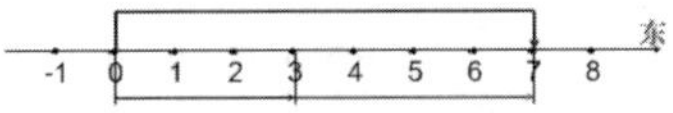 (+3)+(+4)=+7 师生活动:在解决问题的过程中,教师要强调以下几点: (1)原点 0 是第一次运动的起点。 (2)第二次运动的起点是第一次运动的终点。 (3)由第二次运动的终点与原点的相对位置得出两次运动的结果。 (4)这种形式也可以看成是(+3)+(+4)=+7 的几何表示。 问题 2:如果企鹅先向西行走 3 米,再继续向西行走 4 米,则它最终位于原来位置的哪个方向? 与原来位置相距多少米? 追问 1:你能列出一个算式来表示吗? 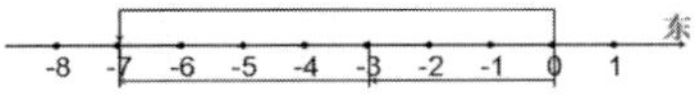 (–3)+(–4)=–7 师生活动:教师引导,学生思考,并要讲清楚在数轴上以谁为起点,两次运动的相互关系,如何表示结果。 追问 2:(–3)+(–4)=–7,–7 这个结果合理吗?"–"代表什么意思?"7"代表什么?	对于七年级的学生来说,要以形象思维为主,借助学生熟悉的生活问题解释有理数的加法,让学生感受加法法则的合理性。在探索上,从数和形的角度加以引导,让学生体会数形结合的数学思想方法。 负数+负数的情况与正数+正数的情况完全类似,巩固刚刚学习的知识,加深学生对法则的理解。

续表

课堂流程	师生行为	设计意图
4. 探索新知	问题 3:你能从两个加数的性质符号和绝对值两个方面,用一句话概括一下同号两数相加的情况吗? 师生活动:学生小组合作,尝试总结,教师给予帮助,得出同号两数的加法法则。 师生活动:同号两数相加,取与加数相同的正负号,并把绝对值相加。 带领学生熟悉法则,强调重点。 问题 3:(分类三)如果企鹅先向东行走 3 米,接着向西行走 4 米,则企鹅最终位于原来位置的哪个方向,与原来位置相距多少米? 追问 1:你能列出一个算式来表示吗? 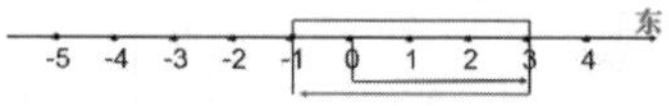 $(+3)+(-4)=-1$ 师生活动:学生独立思考,利用前面的探索方法进行探索,类比学习,自主得到答案。 追问 2:类比前面的同号两数的加法法则的总结,你能从性质符号和绝对值的角度概括异号两数相加的法则吗? 师生活动:学生自主总结,锻炼独立思考的能力,教师给予帮助,得出法则。 绝对值不相等的异号两数相加,取绝对值较大的加数的符号,并用较大的绝对值减去较小的绝对值。	给学生小组合作的机会,相互交流与分享,互相补充,同时渗透出从特殊到一般的思想方法。 通过学生总结,教师完善,培养学生总结语言的准确性和严谨性。 数形结合是初中数学中一种重要的思想方法,数轴的建立为有理数加法几何意义的验证提供了必要工具;验证了加法法则的合理性,形象、直观地突破了难点。同时,让学生再次感受到从特殊到一般的思想,培养学生直观想象,以及数学抽象的核心素养。

课堂流程	师生行为	设计意图
4. 探索新知	问题 4:(分类四)如果企鹅先向西行走 3 米,接着向东行走 4 米,则奥特曼最终位于原来位置的(　)方向(　)米处。 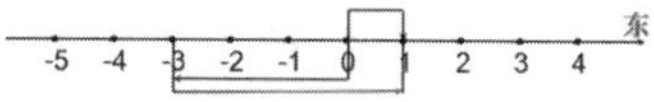 $(-3)+(+4)=+1$ 师生活动:教师放手,将此题交给学生完成,并由学生上台展示。 问题 5:请同学们观察下面的算式,利用数形结合的方法验证我们的结论。 $(+4)+(-7)=(\quad)$ $(+3)+(+10)=(\quad)$ $(-5)+(+6)=(\quad)$ $(-6)+2=(\quad)$ 问题 6:请同学们用同样的运动方式解决下列问题。 $(-4)+(+4)=$____; $(-3)+0=$______; 追问 1:通过以上两题,你又能总结出哪些运算法则? 师生活动:互为相反数的两个数相加得零。 一个数与零相加,仍得这个数。 归纳:这就是我们今天要学习的有理数的加法法则。在 PPT 中展示出 4 个法则的内容。 师生活动:教师提醒学生,在做有理数加法时,既要考虑性质符号,又要考虑绝对值。 分类的情形: 两个加数都不等于零 　同号 　异号 　　绝对值相等(互为相反数) 　　绝对值不等 两个加数中至少有一个为零	通过问题 3 学生总结的法则,让学生独立完成计算并对法则进行验证,将一般性又回归到特殊性上。 通过填空题,让学生利用法则进行计算得出答案,并让学生通过画数轴的方法进行验证。强调有理数加法法则的合理性和数形结合方法解题的重要性。 引入互为相反数相加和与零相加的两种特殊情况。做到概括的全面性、完整性。 整个探究过程中,让学生体会在有理数范围内进行各种运算的思考方式,由仅考虑数值过渡到既考虑性质符号,又考虑绝对值。这种思维的变化对学生进入高中后学习向量加法,以及物理中研究力的合成都有一定的借鉴作用。并且带领学生反思四条法则,对两个加数的所有可能情形作出了分门别类的规定。这里渗透了分类讨论的数学思想方法。

续表

课堂流程	师生行为	设计意图
5. 总结方法	(-4) + (- 8) = - (4 + 8) = - 12 同号两数相加 → 取相同符号 → 把绝对值相加 (-9) + (+2) = - (9 – 2) = - 7 异号两数相加 → 取绝对值较大的符号 → 用较大的绝对值减较小的绝对值	通过有理数加法法则进行运算时，教会学生“一看，二判，三运算”。
6. 例题讲解	(1) (−2) + (−11) 解：原式= − (2+11) = −13 师生活动： ①先判断题的类型(同号、异号)； ②再确定和的符号； ③最后进行绝对值的加减运算。	学生在理解每一步运算的基础上，能准确、熟练地进行计算，提高运算能力，培养数学运算核心素养。
7. 随堂练习	做一做： (1)(-12)+(+12) (2)(−1.08)+0 (3)$(-\frac{1}{2})+(+\frac{2}{3})$ 填一填： (1) (+5)+(+7)=+(+)=( ) (2) (−10)+(+3)=□(10□3)=( ) (3) (+6)+(−5)= □(6□5)=( ) (4) $0+(+\frac{1}{5})=(\quad)$ (5) (−2.3)+(+2.3)= ( ) 练一练：判断 (1)两个负数相加绝对值相减； (2)正数加负数，和为负数； (3)负数加正数，和为正数； (4)两个有理数的和为负数时，这两个有理数都是负数。	强化有理数加法法则，培养学生良好的运算过程，并在运算中体现出整数、分数和小数等各个类型。 强调运算的顺序：“一看，二判，三运算”。

续表

<table>
<tr><th>课堂流程</th><th>师生行为</th><th>设计意图</th></tr>
<tr><td>8. 思维拓展</td><td>想一想：数扩展到有理数之后，下面的结论还成立吗?请说明理由(如果认为结论不成立，请举例说明)：
(1)若两个数的和是 0，则这两个数都是 0。
(2)任意的两个数相加，和必定大于任何一个加数。
归纳：
有理数中的“和”与小学算术中“和”的比较
<table>
<tr><th>结果
类型</th><th>和的性质符号</th><th>和与加数关系</th></tr>
<tr><td>小学算术中的“和”</td><td>不谈性质符号</td><td>比两个加数都大或相等</td></tr>
<tr><td>有理数中的“和”</td><td>可正、可负、可为零</td><td>可能比两个加数都大
可能比两个加数都小
可能介于两个加数之间</td></tr>
</table></td><td>通过本题引导学生注意：在数的范围扩充到有理数以后，类似于小学时所学的部分结论就不再成立了。拓展学生的思维。</td></tr>
<tr><td>9. 玩一玩</td><td>通过 PPT 的“开门”动画效果设置闯关游戏。</td><td>让课堂更加活跃，氛围更加的轻松。一个放松的心态能够更有效地接受新知识。同时也更能吸引学生的注意力，达到有效课堂的目的。</td></tr>
<tr><td>10. 课堂小结</td><td>(1)学会了一个法则；
(2)体验了一种学习方式；
(3)体会了两种数学思想方法。</td><td>小结归纳不应该仅仅是知识的罗列，而应该是优化知识结构，完善知识体系的一种有效手段。因此通过提纲的方式，让学生回顾到本堂课程所学法则，思想方法以及学习方式。</td></tr>
</table>

续表

课堂流程	师生行为	设计意图
11. 课堂检测	计算： (1)$(-42)+(+17)$ (2)$0+(-39.98)$ (3)$(+7.3)+(+3.7)$ (4)$(-\frac{1}{3})+0.4$ 填空：用“＞”“＜”填空。 (1)如果 $a>0,b>0$，那么 $a+b$____0； (2)如果 $a<0,b<0$，那么 $a+b$____0； (3)如果 $a>0$，$b<0$，$\|a\|>\|b\|$，那么 $a+b$____0； (4)如果 $a<0$，$b>0$，$\|a\|<\|b\|$，那么 $a+b$____0.	及时回顾，及时反思，查漏补缺，巩固加深。
12. 作业布置	(1)四清《有理数的加法法则》； (2)计算： $1+(-2)+3+(-4)+5+(-6)+\cdots+2017+(-2018)+2019$	巩固知识，提高升华，也为下节课的学习埋下伏笔。

七、教学反思

利用有理数加法法则进行计算并不难，但是让学生理解有理数加法运算的算理是一个难点。因此，要通过本节课的教学让学生重新建立加法的概念。

有理数的加法运算，在确定“和”的符号后实质上就是小学算数中数的加减运算，思维过程是如何把有理数的加法化归为小学算数中数的加减运算。因此，确定“和”的符号是本节课要重点解决的内容。

数学教学的核心任务是让学生学会数学思想方法，并用以指导以后的学习和生活。

本节课我有意识地落实数学思想方法、思维方式和学习方法，以期使学生能够在生活的各个方面有所受益。利用一道开放性的题目引入本节课题，由学生充分思考和探索后进行总结概括，将课堂真正交还给学生，使学生成为课堂的主人。教师在后续教学过程中，引领学生分析有理数的法则，及时对学生概括中出现的遗漏环节进行引导，以此培养学生思考问题的全面性，同时也渗透了分类讨论思想。

在学生进入课堂“疲劳期”时，及时通过“玩游戏”的方式吸引学生注意力。这个环节的设置也展现了教师对课堂教学节点的把控，从学生的兴趣出发，再将兴趣和教学融合，达到事半功倍的效果。

有理数加法学案

一、忆往昔

1. 数轴三要素：______________________________。

2. 绝对值的意义：

（1）代数意义：__________________________（表达式）。

（2）几何意义：______________________________。

二、看今朝

企鹅在一条东西向的跑道上，先走了 3 米，又走了 4 米，同学们能否确定它现在位于原来位置的哪个方向，与原来位置相距多少米？

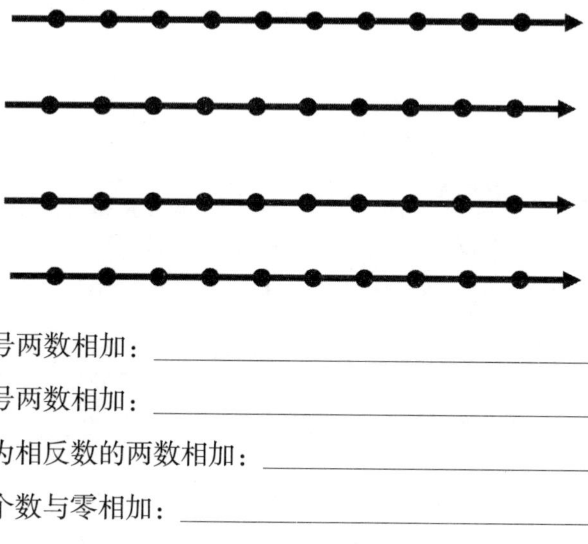

归纳 1：同号两数相加：__________________________。

归纳 2：异号两数相加：__________________________。

归纳 3：互为相反数的两数相加：____________________。

归纳 4：一个数与零相加：________________________。

三、方法总结

$(-4)+(-8)=\square(\square+\square)=$

$(-9)+(+2)=\square(\square-\square)=$

1. 判断：________；2. 确定：____________；3. 加减：________。

四、做一做

1. $(-2)+(-11)$

2. $(-12)+(+12)$

3. $(-1.08)+0$

4. $\left(-\frac{1}{2}\right)+\left(+\frac{2}{3}\right)$

五、填一填

1. $(+5)+(+7)=+(\square+\square)=(\quad)$
2. $(-10)+(-3)=\square(10\square3)=(\quad)$
3. $(+6)+(-5)=\square(6\square5)=(\quad)$
4. $0+\left(+\frac{1}{5}\right)=(\quad)$
5. $(-2.3)+(+2.3)=(\quad)$

六、判断

1. 两个负数相加绝对值相减。（　）
2. 正数加负数，和为负数。（　）
3. 负数加正数，和为正数。（　）
4. 两个有理数的和为负数时，这两个有理数都是负数。（　）

七、小学时的这两个结论是否还成立？

1. 若两个数的和是 0，则这两个数都是 0。
2. 任意的两个数相加，和必定大于任何一个加数。

归纳：

八、课堂小结

____

____

____

九、课堂检测

1. 计算.

（1）（-42） + （$+17$）　　　　（2）0 + （-39.98）

（3）$(+7.3)+(+3.7)$　　　　（4）$(-\frac{1}{3})+0.4$

2. 填空：用“>”或“<”填空。

（1）如果 $a>0$，$b>0$，那么 $a+b$____0；

（2）如果 $a<0$，$b<0$，那么 $a+b$____0；

（3）如果 $a>0$，$b<0$，$|a|>|b|$，那么 $a+b$____0；

（4）如果 $a<0$，$b>0$，$|a|<|b|$，那么 $a+b$____0。

十、思考

$1+(-2)+3+(-4)+5+(-6)+\cdots+2017+(-2018)+2019$

有理数加法

笔记

Oliver Asks for More

——英语学习活动观指导下探究主题意义的高中英语文学赏析课

省赛中学英语组一等奖、国赛中学英语组一等奖　江雪珲

一、教学思想

《普通高中英语课程标准（2017年版）》（教育部，2018）指出：英语学习活动观是落实学科核心素养，变革学习方式，提升英语教与学效果，实现学科育人的重要举措。

英语学习活动观是以学生为学习主体，在“主题意义引领下”，以语篇为依托，通过学习理解、应用实践、迁移创新等一系列融语言、思维、文化为一体的活动，帮助学生运用听、说、读、写、看等语言技能和多种学习策略，对语篇意义进行解读、评价和阐释，得体并创造性地表达个人观点、情感和态度，形成英语语用能力；获取文化知识，理解文化内涵，比较文化异同，获得积极的价值观；整合性地学习语言知识，学会处理和加工信息，发展语言技能和思维能力；运用有效学习策略和方法，提升学习英语和用英语进行学习的能力。活动观体现了一系列综合性、关联性和实践性等融语言、思维、文化为一体的英语学习活动特点，明确指向并积极促进本学科学生核心素养的形成和提升。

本节课教学以“英语学习活动观”作为指导思想，围绕“人与社会（文学）”这一主题语境，制定教学目标，设计教学活动。

关键词：英语学习活动观　高中英语　文学作品赏析

二、教学内容分析

主题语境：人与社会 —— 文学

Why （为什么写或编入该文章?）	通过学习孤儿Oliver的一段悲惨境遇，赏析作者刻画人物、表达情感的写作方式，体会作者对社会下层阶级中儿童的同情。

续表

What (主题意义和主要内容)	本模块内容是英国著名作家Charles Dickens的部分作品及其个人生平介绍。 本节课内容选自他的小说Oliver Twist的片段*Oliver asks for more*，讲述了一个生活在贫富悬殊、充满压迫不公平社会中的孤儿Oliver的故事，情节围绕标题“ask for more”三部分展开：即索要更多食物的原因、经过和可能的结果。
How (文体结构和语言修辞)	标题特点：ask for more，其中“more”含义丰富，指代事物多样，可放在课堂活动前和后分别解读。
	词汇特点： (1)生词量较少，基本不会对学生构成阅读障碍。但部分主题单词发音较困难，如：companion、appetite、seize。 (2)使用含有动词词组、形容词、副词等较生动语言，形象地描写了人物的神情、动作和言语，表现了故事人物角色特点，将读者带入具体的语境情景中。 (3)重点词汇主要涉及人物描写，如：appetite、wild with hunger、misery、nudge、hang someone等。这些词汇会在课堂中引导学生关注上下文进行猜测、推理和理解。 (4)重点句型主要涉及文章中的几处倒装句和一处强调句，如：It was Oliver Twister who was chosen. No sooner had the boy spoken these words than the warden hit him on the head with the soup spoon.等。这其中涉及强调句和倒装句的语用功能。考虑到本单元后续课时中会涉及该语法结构，本节课不做特别解读。
	语篇特点：文章为叙事性语篇，包括故事类文本主要因素，即背景、情节、人物、语言描写和主题。故事情节发展脉络清晰、流畅，共有10段，明线讲述Oliver索要更多食物的情节，暗线则揭示不同人物角色的性格和情感。
	文化知识： (1)Charles Dickens的成长经历有助于理解作者对Oliver的特殊情感。 (2)文本故事含有19世纪英国的社会文化现象。

三、学情分析

（1）自然情况：本节课的授课对象为高二年级学生，因具体教学需求，更好分层培养学生的语言能力，学校将英语授课分成A、B两层。本节课授课对象为A层学生，英语基础较好，已具备课标要求的八级词汇目标（3200左右的词汇量），能在课堂上积极参与小组合作学习。

（2）已有基础、可能存在问题及解决措施

已有基础		可能存在问题	解决措施
小说背景方面	(1)基于课前对本模块Introduction和Cultural Corner两部分关于Charles Dickens生平经历的内容，大部分学生对本课时涉及的作者背景知识和小说创作背景比较熟悉； (2)课前，学生自主完成前置阅读任务(见后)，梳理了人物角色和故事大概情节发展过程。	经课前访谈，40%的学生没有读过该小说Oliver Twist，大约30%的学生通过观看改编电影了解该小说，对故事中的人物特点了解不多。	(1)设计读前关于作者和小说介绍的KWL活动，激活学生已知，形成阅读期待。 (2)采用同伴、小组交流、分享方式，填补生生信息差。
阅读策略方面	基于接近两年的高中英语学习，大部分学生已经掌握一些基本的阅读策略，如skimming和scanning，能在阅读中提取、梳理文本事实信息。	大多数学生对小说的欣赏往往停留在对故事情节和角色等要素的感性欣赏层面，很少能够品鉴现实主义小说的写作手法，思考小说蕴含的主题意义。	利用分析人物角色、角色朗读、赏析语言等应用实践活动，引导学生切身体验人物情感，思考主题意义。
课堂小组合作探究	自高一学习伊始，英语课堂活动采用小组合作探究方式，学生对此类小组合作活动流程较熟悉。	部分组员朗读时情感内化不足，表达人物角色特点有困难。	提供一段电影片段，作为朗读的辅助手段，帮助学生直观感受演员的情感表达。

四、教学目标

本课结束时，基本能够完成以下教学目标：

（1）通过skimming和scanning阅读策略，以线性方式提取、整理故事事实信息：Oliver索要更多食物的原因、经过和结果，梳理故事情节发展；

（2）通过小组合作，整合对人物角色神情、动作和言语的语言描写，分析人物性格，赏析现实主义小说的写作手法，并借助一段电影片段，以小组方式完成角色朗读活动。

（3）结合作者童年经历和作品创作背景，推理作者的情感态度，批判性认识标题中ask for的内容。

（4）通过对比当下现实生活中儿童的图片信息，思考故事折射的主题意义。

五、教学重难点

根据学情分析，以上教学目标中（1）（2）为教学重点，（3）（4）为教学难点。

六、学习方法

问题导引、合作探究。

七、课程资源

电影Oliver Twist的相关视频片段。

八、教学工具

教材、角色朗读材料、黑板、多媒体课件。

九、教学过程

教学目标	活动设计	学生活动	活动意图	层次	学生效果评价	时间
1.复习关于狄更斯的旧知，利用教材图片导入话题，激活学生已知，形成阅读期待。	T greets Ss, shows a picture of Charles Dickens and asks what they know about him. Then shows the beginning video and asks Ss to guess what kind of life Oliver lived. Questions: (1)What do you know about Charles Dickens ? (2)How do you feel about Oliver's life ? (3)From the title and three pictures, what may Oliver ask for ?	IW 学生回忆相关背景知识，观察课文图片，初探标题含义。	从狄更斯的生平入手，引导学生回顾旧知，激活信息差，激发好奇心和求知欲。视频(40秒)，给学生直观、生动的视觉冲击，让学生感受主人公的生活境遇。	感知与注意	学生通过教师提问、激活已知。根据一小段电影开头视频，初探主人公Oliver的生活状况。	5'

教学目标	活动设计	学生活动	活动意图	层次	学生效果评价	时间
2.学习理解活动：通过skimming和scanning阅读策略，以线性方式提取、整理故事事实信息，了解Oliver索要更多食物的原因、经过和结果，完成对小说情节发展的事实信息梳理。	T check the pre-task for reading. Questions： (1)What characters were there in the text？ (2)Put these events in right order： ① Mr. Limbkins got the news from Mr. Bumble. ②Oliver and his companions got wild with hunger as boys usually have good appetites. ③It was Oliver who was chosen to ask for more food. ④The warden held the miserable Oliver. ⑤ Boys wrote their names on pieces of paper and picked out one boy to ask for more. ⑥ Oliver was locked in a room and would be hanged. ⑦Oliver walked towards the warden and begged for more food.	IW 根据问题导引，提取文本事实信息。	检查学生的课前前置阅读任务：以线性方式提取、整理故事事实信息，了解Oliver索要更多食物的原因、经过和结果。引导学生通过上下文语境学习生词。	获取与梳理	学生能够获取故事事实信息，了解Oliver索要更多食物的原因、经过和结果。能够在语境中习得新词。	5'
3.应用实践活动：通过小组合作，提取对主要人物外貌、表情、动作和言语的描写语言，分析人物性格，赏析现实主义小说写作手法。	T guides Ss to find out supportive languages about character' s appearance, expressions, words, behaviours. Questions： (1)What do you think of the characters in the text？Find out supportive sentences for your point of view. (2)How does the writer describe these characters？	GW 寻找人物描写语言，分析人物性格。	通过小组合作探究，提取文中对主要人物神情、动作和言语的描写，分析人物的性格和品质，赏析现实主义文学作品的写作手法。	概括与整合分析与判断	通过梳理描写人物的语言内容，分析人物的性格和品质，体会作者通过表情、言语和动作描写表现人物性格的写作手法。	10'～15'

续表

教学目标	活动设计	学生活动	活动意图	层次	学生效果评价	时间
4.应用实践活动:角色朗读。	Role-play for group work. Questions: Role-play of the character's dialogue in groups. Bring the characters alive with proper intonation, tone and stress. Use some body language if you like.	GW 角色朗读	引导学生联系自己对文中主要人物的认识,小组合作,完成角色朗读活动。	描述与阐释	学生能内化自己对人物的认识,尝试完成语言实践活动。	10'
5.迁移创新活动:结合作者生平经历知识,推理作者的情态态度,批判性认识标题中 ask for more 的内容。对比实际生活中关于儿童的图片信息,思考主题意义。	T guides Ss to discuss the writer's attitude towards Oliver and then infer his writing purpose. Questions: (1)What does the writer think of Oliver? (2)In the writer's opinion, what did Oliver really ask for? (3)Compare two pictures about Oliver and some children, how do you feel about these children living around us?	PW,IW 推断作者情感态度,根据自我认识补充标题内容,并通过对比两张不同的儿童图片,思考文章的现实主题意义。	引导学生结合作者的生平,分析作者对主人公Oliver的情感,通过回归标题关键词"ask for"的提问,帮助学生推断创作意图和主题意义。	分析与判断、批判与评价	学生能通过对作者情感和写作意图的提问与回答,深化并评价对标题的认识。	5' ~ 10'
6.Optional activities for assignment	(1)Write a summary about this story within 100 words. (2)Share ideas about what will happen to Oliver next by e-mail or Wechat with Coffee. (3)Share ideas about another perspectives of the story, such as the setting, the plotting, the direct speech and the tense. (4)Surf the Internet to enjoy the movie adapted from the novel. (5)If possible, read a realism fiction *Guests of the Nation* by Frank O'Connor.		巩固所学,进一步体会现实主义文学写作特点。	巩固与创新		

十、教学评价

（1）英语学习活动观指向培养学生核心素养。核心素养是正确的价值观、必备品格和关键能力，是教会学生学会做人、教会学生学会做事。其中，“学会做人”是养成的，是通过学生自己领悟、理解，顿悟出来，一定要让学生通过实践进行体验；“学会做事”是培养的，要让学生参与其中，通过理解、应用、内化、再迁移的过程。

（2）本课是设计开展培养学生思维品质的一系列任务型活动。学生理解语义，内化所学语言，语境情景中体验主题意义，再推断作者创作意图，思考Oliver的主题意义，最后结合自身经历，有理有据地表达自己的不同观点。在这些思维类活动中，学生既开展了problem-solving问题解决类活动，也有reasoning-gap类任务型活动。

（3）教学活动基于现实主义文学作品四处赏析点（the life-like characters, the details, the language, the real-life matter & the critical attitude），结合英语学习活动观三层级，实施课堂教学。

（4）如果学情情况较好，可将角色朗读活动改作角色配音，增强学生的亲身体验；同时可考虑采用阅读圈（reading circle）的方式开展课堂阅读，更有助于提高学生的审辩式思维水平。

（5）课外活动提供4种方式5项选择，读、写、观影、交流分享，学生可根据个性需要进行选择。

十一、预习任务

阅读Charles Dickens的另一部作品*Great Expectation*的介绍，为下一课时Reading for Practice的文本内容（One part of Great Expectation）提供背景。材料如下：

Great Expectation tells a story about an orphan boy Pip who has a great expectation and finally loses everything he once had. Little Pip lives a simple and natural life in countryside with his sister. As Pip comes across Estella in Miss Havisham's, he falls in love with her immediately . Since then on ,Pip determines firmly to change, to become a gentleman. Quite out of expectation, Pip is then financed by an unknown person, and go to

LONDON for a gentleman's education. At last, Pip's social graces improve, while his moral values are deteriorated. Unfortunately, Pip does not get love from Estella, however, he is a gentleman later and owns a great fortune. As things go on, Pip gradually comes to know that fortune does not bring about true happiness for him. Worse still, he is losing many things such as relatives around him and friends' love. The whole story ends with Pip's coming back to his original life.

十二、教学文本

Oliver Asks for More

The room in which the boys were fed was a large stone hall, with a large pot at one end. The warden, helped by two women, served the soup from this pot at meal times. Each boy was allowed one bowl of soup and no more, except on special holidays when he was given another 60 grams of bread. The bowls never needed washing, as the boys cleaned them with their spoons, trying to eat every bit of soup. This never took very long, as the spoons were almost as large as the bowls. When they had cleaned their bowls in this way, they would sit staring at the pot with eager eyes, as if they wanted to eat it. Boys usually have excellent appetites. Oliver Twist and his companions slowly starved for three months until finally, they became quite wild with hunger.

There was one boy who was tall for his age, and was not used to being hungry all the time, as his father had kept a small cook shop. This boy told his friends that he had to have another bowl of soup each day. If he did not, he was afraid that one night he might eat the small young boy who slept next to him. The tall boy had a wild, hungry look in his eye and everyone believed him. The boys had a meeting. They decided that one of them should walk up to the warden after supper that evening and ask for more food. They wrote their names on pieces of paper and picked one out. It was Oliver Twist who was chosen.

The evening arrived and the boys went to their places. The warden stood by the pot with his assistants in a line behind him. The soup was served and disappeared down the boy's throats. The boys whispered to each other, and those next to Oliver nudged him. Oliver, who was desperate with hunger and misery, rose from the table and walked toward the master with his bowl and spoon in his hand. Frightened by his own courage, he said, "Please sir, I want some more."

The warden was a fat, healthy man, but his face became very pale. He stared in complete astonishment at the child and held on to the pot for support. Not until at least thirty seconds had passed, was the man able to speak. "What?" he said finally, in a weak voice.

"Please, sir," replied Oliver, "I want some more." no sooner had the boy spoken these words than the warden hit him on the head with the soup spoon. Then he seized Oliver arms and held him, while he shouted for Mr. Bumble.

The managers of the workhouse were having a meeting when Mr Bumble rushed into the room in great excitement. Speaking to the leader of the meeting, he said, "Mr. Limbkins, I am sorry, sir! Oliver Twist has asked for more!"

The faces of everyone in the room showed complete astonishment. "For more!" said Mr Limbkins. "Think carefully, Mr Bumble, and answer me clearly. Do I understand that he asked for more, after he had eaten his bowl of soup?"

"He did, sir," replied Bumble.

"Never have I heard anything like it!" said Mr Limbkins.

"They will hang that boy," said a gentleman in a white jacket. "I know that they will hang him."

Nobody disagreed with the gentleman's opinion. A lively discussion took place. Oliver was immediately locked in a room. The next morning a notice was put up on the door of the workhouse, offering a reward to anybody who would employ Oliver Twist.

"I never was more sure of anything in my life," said the gentleman in the white jacket, as he knocked at the door and read the notice the next morning. "I never was more sure of anything in my life — that boy will be hanged."

十三、课前阅读材料

Charles Dickens

Charles Dickens (1812-1870) was born in London. His father was put in prison because he could not pay his bills, and two days after his 13th birthday, Dickens started work in a factory, experiencing real poverty. He was very unhappy, but later in life, he was able to write very well about poverty because he had actually experienced it himself.

Dickens always had a huge amount of energy. As a young man, he worked for newspapers; and as a political journalist, he met all kinds of people. He used all these experiences in his writing. Dickens started writing novels in his early thirties and became successful almost immediately. *Oliver Twist*, his second novel, was published in 1838 and was hugely successful. It told the story of a young orphan alone in the dangerous streets of London. The story ends happily — the young boy discovers who his real parents are and finds a loving home. However, it brought child poverty to the attention of the public, and for this reason alone it is a very important novel.

Over the next 25 years, Dickens wrote a large number of popular novels that are still read today. Among the most famous are *David Copperfield* (1849-1850), *A Tale of Two Cities* (1859) and *Great Expectations* (1860-1861). Dickens often wrote about the problems of poor people, and as a result of his work, the lives of the poor were improved.

Dickens' books were popular in both America and England, and the novelist travelled round both countries, reading from his novels. He often became very excited during these readings. Some people believe that he had a heart attack as a result of his excitement during the reading of the final part of *Oliver Twist*.

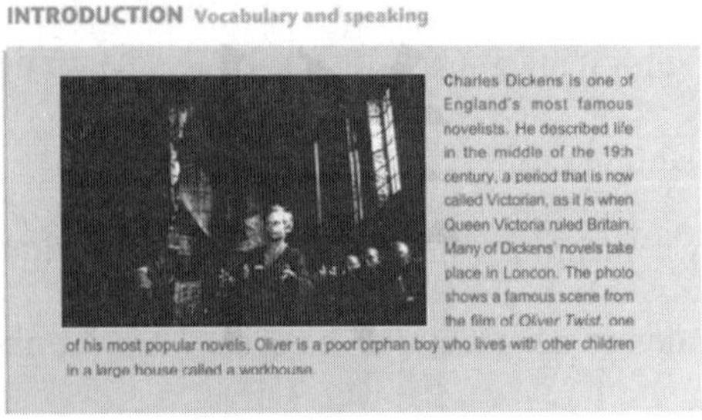

INTRODUCTION Vocabulary and speaking

Charles Dickens is one of England's most famous novelists. He described life in the middle of the 19th century, a period that is now called Victorian, as it is when Queen Victoria ruled Britain. Many of Dickens' novels take place in London. The photo shows a famous scene from the film of *Oliver Twist*, one of his most popular novels. Oliver is a poor orphan boy who lives with other children in a large house called a workhouse.

十四、课前前置阅读任务

➢ **Read one extract from the novel Oliver Twist and then finish two exercises below.**

Oliver Asks for More

The room in which the boys were fed was a large stone hall, with a large pot at one end. The warden, helped by two women, served the soup from this pot at meal times. Each boy was allowed one bowl of soup and no more, except on special holidays when he was given another 60 grams of bread. The bowls never needed washing, as the boys cleaned them with their spoons, trying to eat every bit of soup. This never took very long, as the spoons were almost as large as the bowls. When they had cleaned their bowls in this way, they would sit staring at the pot with eager eyes, as if they wanted to eat it. Boys usually have excellent appetites. Oliver Twist and his companions slowly starved for three months until final-

ly, they became quite wild with hunger.

There was one boy who was tall for his age, and was not used to being hungry all the time, as his father had kept a small cook shop. This boy told his friends that he had to have another bowl of soup each day. If he did not, he was afraid that one night he might eat the small young boy who slept next to him. The tall boy had a wild, hungry look in his eye and everyone believed him. The boys had a meeting. They decided that one of them should walk up to the warden after supper that evening and ask for more food. They wrote their names on pieces of paper and picked one out. It was Oliver Twist who was chosen.

The evening arrived and the boys went to their places. The warden stood by the pot with his assistants in a line behind him. The soup was served and disappeared down the boy's throats. The boys whispered to each other, and those next to Oliver nudged him. Oliver, who was desperate with hunger and misery, rose from the table and walked toward the master with his bowl and spoon in his hand. Frightened by his own courage, he said, "Please sir, I want some more."

The warden was a fat, healthy man, but his face became very pale. He stared in complete astonishment at the child and held on to the pot for support. Not until at least thirty seconds had passed, was the man able to speak. "What?" he said finally, in a weak voice.

"Please, sir," replied Oliver, "I want some more." no sooner had the boy spoken these words than the warden hit him on the head with the soup spoon. Then he seized Oliver arms and held him, while he shouted for Mr. Bumble.

The managers of the workhouse were having a meeting when Mr Bumble rushed into the room in great excitement. Speaking to the leader of the meeting, he said, "Mr. Limbkins, I am sorry, sir! Oliver Twist has asked for more!"

The faces of everyone in the room showed complete astonishment. "For more!" said Mr Limbkins. "Think carefully, Mr Bumble, and answer me clearly. Do I understand that he asked for more, after he had eaten his bowl of soup?"

"He did, sir," replied Bumble.

"Never have I heard anything like it!" said Mr Limbkins.

"They will hang that boy," said a gentleman in a white jacket. "I know that they will hang him."

Nobody disagreed with the gentleman's opinion. A lively discussion took place. Oliver was immediately locked in a room. The next morning a notice was put up on the door of the workhouse, offering a reward to anybody who would employ Oliver Twist.

"I never was more sure of anything in my life," said the gentleman in the white jacket, as he knocked at the door and read the notice the next morning. "I never was more sure of anything in my life — that boy will be hanged."

1. What characters are there in this story ? (list six main characters)

2. Put these events in right order.

(1)Mr. Limbkins got the news from Mr. Bumble.

(2)Oliver and his companions got wild with hunger as boys usually have good appetites.

(3)It was Oliver who was chosen to ask for more food.

(4)The warden held the miserable Oliver.

(5)Boys wrote their names on pieces of paper and picked out one boy to ask for more.

(6)Oliver was locked in a room and would be hanged.

(7)Oliver walked towards the warden and begged for more food.

Oliver Asks for More——英语学习活动观指导下探究主题意义的高中英语文学赏析课

Oliver Asks for More——英语学习活动观指导下探究主题意义的高中英语文学赏析课（说课（修1））

笔记

Getting Around in Chengdu

省赛中学英语组一等奖　邱祥迪

一、教学思想

本课基于授课教师对语篇解读和学情分析，设计了四个层层递进、互相关联的教学目标。教学设计以目标为导向，紧密围绕旅游推荐的书面表达展开，由词汇、句子、语篇三步来帮助学生理清写作的主要内容、结构和技能。

本课的一开始输入环节便为学生创设了场景——跟随老师去成都旅游，整堂课围绕旅游的话题和移步换景开展了读、说、写一系列层层递进的教学活动，从词汇到句型，再到语篇结构和衔接手段，进行语言输入。输出环节，教师再次创设场景，让学生带领老师游玩重庆，写重庆的旅游推荐。利用真实场景激发学生的主观能动性，在小组合作中学以致用。

在此基础上，学生通过对旅游推荐内容的写作，对旅行的意义进行反思，从旅行花费联想到对“富有”的正确价值观的理解，把语言知识学习、语言技能运用、思维品质发展和文化意识形成都融入到课程和教学活动中，在课堂教学中培养学生的英语学科核心素养。

二、教学材料

本课为外研版教材第四册二单元 Reading 部分 Getting Around in Beijing 的拓展课，教学材料改编自旅行网站“孤独星球”关于成都的旅游简介。

三、授课类型

阅读和写作（Reading & Writing）

四、主题语境

人与社会——社会与文化语

五、篇类型

新媒体语篇

六、授课时长

一课时（40 分钟）

七、文本分析

【What】本文是关于成都的旅游简介，从交通、旅伴、景点、饮食、文化等方面介绍成都。

【Why】作者写作本文旨在介绍成都的景点和文化，并推荐号召游客前往。

【How】本文语言简单直白，但句式丰富，运用的定语从句，非谓语动词做状语，with 的复合结构等；本文除了运用连接词等显性衔接手段，还运用了同义替换等隐性衔接手段。

【From text to students】基于对文本的深入分析，学生能在语境中学习单词、整理句型、归纳结构和分析衔接手段，最后仿照语篇，创作一篇旅游推荐。

八、学情分析

授课学生是来自重庆的高一学生。他们对自己家乡的风景和文化有一定的了解，并抱有深深的热情。对描写地方简介概要的表达有一定水平的掌握，有一定的仿写能力，但是对一些支撑概要观点的细节写作还不熟悉，对语篇衔接手段的了解还比较浅薄，对写作旅游推荐的结构还不熟练。本课旨在通过让重庆的学生分析成都的旅游简介，仿写自己家乡的旅游简介。

九、教学方法

基于六要素整合的英语学习活动观的情景活动式教学法

十、教学目标

在本课学习结束时，学生能够：

（1）根据语境梳理词汇、整理句型并模仿，用于理解和表达旅游相关的话题。

（2）归纳语篇的篇章结构特征并分析其中的显性衔接和连贯手段。

（3）运用所学的词汇、句型结构、篇章结构和衔接手段，小组合作写一篇完整的重庆市的旅游推荐。

(4) 感悟旅行的意义，建立对“富有”的全新理解，形成正确的价值观。

十一、教学重点

基于语篇梳理词汇，整理句型，归纳篇章结构特征，分析显性衔接和连贯手段。

十二、教学难点

运用新学的词汇、整理的句型结构、归纳的篇章结构衔接手段写一篇完整的重庆市旅游推荐。

十三、教学资源

幻灯片、黑板、磁贴、海报纸、马克笔、写作纸、麦克风等。

十四、教学过程

步骤	教师	学生
第一步 引入 全班活动,2 分钟 难度☆☆☆☆☆	(1)自我介绍并演唱歌曲,引出主题“旅游”。 (2)创设“带领重庆学生去成都旅游”的场景,并告知学生本堂课的学习目标。	聆听教师讲解,了解本节课的话题和学习目标。
设计意图: 由于是异地授课,教师自我介绍过后用歌声暖场,引出主题,拉近与学生的距离;创设情境激发学习兴趣;告知学习目标,让学生做到心中有数,有的放矢。		
第二步 写前准备一: 单词句型输入 配对活动,14 分钟 难度★★★☆☆	(1)在创设好的情景基础上,引导学生进行旅行前计划的头脑风暴,思考关于旅行的方方面面。 (2)在旅行的情景中,呈现节选自语篇的对成都景点锦里古街的描述,引领学生猜测语境中的生词意思并分析句型结构。 (3)布置任务,让学生应用所学单词并模仿句型,与搭档合作描述与成都锦里类似的重庆磁器口。 (4)切换情景,呈现人民公园鹤鸣茶馆喝盖碗茶的描述,引领学生猜测语境中的生词意思并分析句型结构,再让学生应用所学单词并模仿句型,与搭档合作描述在重庆吃火锅的场景。 (5)引领学生复习整理单词,按照意义分成三类。	(1)头脑风暴,整合旅行话题下可以谈论的方方面面。 (2)在老师的描述中移步换景;根据语境和图片猜测生词,跟随教师的引领归纳句型结构,并应用新的词汇和句型分别与搭档合作仿写在重庆磁器口古镇漫步和吃火锅的场景。 (3)将新学的生词整理根据意思分成三类。

续表

<table>
<tr><th>步骤</th><th>教师</th><th>学生</th></tr>
<tr><td colspan="3">设计意图：
头脑风暴，激活思维，对下一个活动中谈论的细节进行预设；创设真实场景，激发兴趣和对家乡的热爱，并在输入词汇句式之后，随即进行操练和巩固，侧重对景点的体验、见闻和饮食进行写作；最后再次巩固词汇，将其分为三个方面，为下文找文章结构主旨做铺垫。</td></tr>
<tr><td>第三步
写前准备二：语篇结构输入
个体活动，5 分钟难度
★★★☆☆</td><td>(1)布置任务让学生阅读完整的成都旅行推荐，并分析语篇的篇章结构。
(2)呈现标记的文章中的一些关键词，引导学生分析语篇的衔接连贯手段。</td><td>(1)阅读完整语篇并分析语篇的篇章结构。
(2)跟随教师引领，整理分析语篇的衔接手段。</td></tr>
<tr><td colspan="3">设计意图：
让学生阅读完整语篇，为写作搭建结构支架。在语篇结构的基础上，教会学生将片段粘连起来的衔接连贯手段。</td></tr>
<tr><td>第四步
写作：写重庆的旅行推荐
小组活动，12 分钟
难度★★★★★</td><td>布置任务，提供一些参考景点，让学生小组讨论推荐的内容景点，让学生运用新学的词汇、整理的句型结构、归纳的篇章结构和衔接手段小组合作写一篇完整的重庆市旅游推荐。</td><td>小组合作讨论写作内容，谋篇布局，并分工写作重庆的旅游推荐。</td></tr>
<tr><td colspan="3">设计意图：
通过小组讨论的形式让学生对写作内容进行探讨。小组合作中谋篇布局，利用所学分工合作完成重庆旅行推荐，降低难度的同时培养学生合作学习策略。</td></tr>
<tr><td>第五步
读后活动分享，作品主题升华
小组活动，6 分钟
难度★★★☆☆</td><td>(1)拍照上传作品到多媒体大屏，抽取小组代表口头分享，引导学生按照量表点评。
(2)分享一句关于旅行的格言：“Travel is the only thing you buy that makes you rich”。引导学生分析“rich”的内涵。</td><td>小组推选代表口头分享小组作品，并跟随老师引导，按照量表互相评价。</td></tr>
<tr><td colspan="3">设计意图：
让学生朗读分享，展示成果，由生生互评，学生主导。让学生感悟旅行的意义，引领正确价值观，并且反思小组作文的优缺点，并为课后独立修改作品进行铺垫。</td></tr>
<tr><td>第七步
作业布置
1 分钟</td><td>布置作业：按照量表评价要求修改小组作品，并在此基础上独立完成一篇自己的作品。</td><td>记下作业要求。</td></tr>
</table>

十五、教学评价

本课针对学生仿写的句子，教师通过课堂观察，采用描述性评价，对作品的仿写效果、学生的朗读呈现和小组合作学习的生成过程进行评价。

最后一个环节，教师指导学生对最后生成的小组合作作品——重庆旅游推荐，按照评价量表进行生生互评。课后，教师及时反馈并点评互评结果，指导学生纠正错误，鼓励学生再接再厉。

写作评价量表

Words & Phrases	Sentence Patterns	Passage Structure	Cohesion & Coherence
The student uses new words and phrases properly.	The student applies various sentence patterns to the composition.	The student covers different aspects in the passage, such as transport, companion,experience...	The student uses different cohesive devices to make the passage smooth.
☆☆☆	☆☆☆	☆☆☆	☆☆☆

十六、板书设计

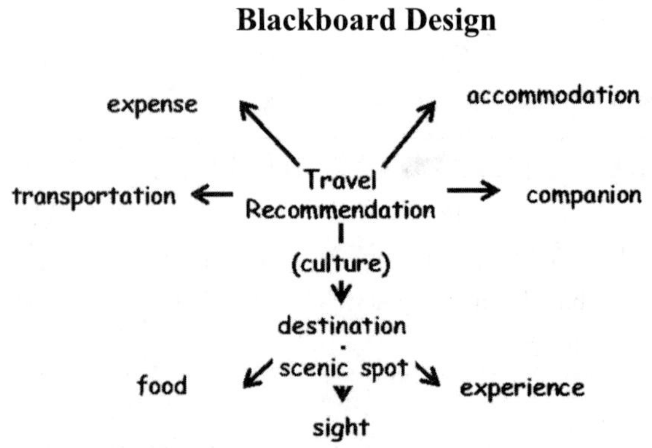

附件：学案

Getting Around in Chengdu

Chengdu is a perfect destination to get around no matter whom you travel with. It's a good choice to take the Metro to get around.

One of the most impressive aspects in Chengdu is the slow-paced life. To start with, Jinli Street is a must-see scenic spot. While strolling down the alleys, you can find yourself surrounded by peaceful buildings which are modeled on the style of a traditional old architectures. One more place you can't miss is the teahouse in People's Park. Settling back in a bamboo chair and sipping tea in the sunbath, you can have small talks, read newspapers, or just close your eyes without doing anything.

Welcome to slow-paced Chengdu, a city you do not want to leave once you pay a visit to.

Travel Recommendation of Chengdu

Para. 1

Para. 2

Para. 3

Getting around in Chengdu

笔记

I'll help to clean up the city parks（writing）

省赛中学英语组二等奖　虞佳欣

一、学情分析（Analysis of students）

Before this class, students have learned English more than one year and they have already learned Unit 2. Students have known about something about volunteer. Most of them can use the target language I will/ I am going to... to offer help.They have some language accumulation. They can also express their thoughts and communicate with each other in English. The students are active and quite interested in English class.Although they have already had some writing skills, they are not familiar with the 'Process Approach'.

二、教学目标（Teaching objectives）

1. Cognition objectives

（1）Students are able to apply some important phrases form the textbook, such as cheer up , give out, clean up, take after...which have something to do with their writing this class.

（2）Students are able to use the target language I could...I'd like to..., to offer help.

2. Ability objectives

（1）Students are able to know the process of how to apply for a volunteer.

（2）Students are able to learn some writing skills about how to write an application by listening, speaking and writing.

3. Emotional objectives

Students are able to get a better understanding of volunteer work and realize we can spend our free time in a meaningful way.

三、教学思想（Teaching ideas）

This class is designed based on 'Process Approach' Actually writing is a process rather than a product, During the process, both the teacher and students will complete some tasks, which is to involve the point that "learning the way of writing is more important than completing a final writing product; it is learning of a series of skills that serve for the final writing product" With this approach, the whole writing process can be divided into four stages according to students' cognition, namely, pre-writing, drafting, revising, proof-reading and publishing. Through leading students to actively take part in writing process, they can acquire the ways of writing and at the same time, understand the writing process. After learning the writing process, students will be aware of being responsible for their own learning, and thus have greater motivation to learn and learn more efficiently

四、课程资源（Curriculum resources）

From the text book — Unit 2 (Grade eight, People's Education Press).

Information form the website https://www.volunteerhq.org/volunteer-in-china,

五、教学内容（Content of courses）

Unit 2 Section B (3a-3b) Writing part.

六、教学重难点（Emphases and difficulties）

(1)Different kinds of volunteer work and what can we do for each work.

(2)The application process of applying for a volunteer program.

(3)Use the process approach to guide students to write an application.

七、教学方法与工具（Teaching methods and tools）

1. Teaching methods

(1)Task-based teaching method. This kind of method is more student-centered.As the tasks are likely to be familiar to the students, they are more likely to be engaged, which may further motivate them in their language leaning.

(2)Process approach of English writing teaching

(3)Situational Teaching Method.It refers to create the problems with real event or circumstance to arouse the students' interest of learning.

2. Teaching tools

Blackboard, Multimedia, projector.

教学环节	教师活动	学生活动	设计意图	时间
Pre-writing				
Step 1 Lead in	Introduce the website to students. Help students learn more about volunteer in China.	Discuss: why do you want to be a volunteer?	(1) To arouse Ss' interests about the topic. (2) Guide the Ss into the topic of this class and realize the meaning of volunteer work.	6'
Step 2 Log in	Guide students Log in first.	Fill in the blanks to log in(Task 1)	Simulate a real application process. First, write down some basic information of a volunteer.	2'
Step 3 Personal details	Guide students to write down their personal details.	Write down personal details (Task 3).	Personal details including the personality and abilities.Teachers' examples can help students to make sentences.	3'
Step 4 Select a program	Guide students to select a place to volunteer at. And give some phrases to help them think about we can they do.Choose some students to share their plan.	Choose a place they would like to volunteer at. And write down what can they do there. (Task 4).	Most students just have little understanding of volunteer work. So teacher will give some volunteer program for students to choose and also help them review some phrase they could use to make sentences.	8'
Step 5 Select a date	Guide students to select a date.	Write when are they free and how long will they work according to the sentence pattern (Task 5).	Because they are students, they can only do their volunteer work when they are free. So it's necessary for them to choose a suitable date.	3'

续表

教学环节	教师活动	学生活动	设计意图	时间
While writing				
Step 6 Write an application	Guide students to read the main points of an application.	Write a complete application by using the information from Task 1-5.	From Task1-5, students have written most information for an application.And now, they can write a whole application with the structure which is given on the paper.	8'
Post-writing				
Step 7 Share application	Guide students who choose the same program to sit together.	Share their own application with other students, and choose who is the best for each volunteer work.	Work in group, find students who wants to do the same volunteer work as you.And choose who is the best volunteer. By this way, students can learn to share and accumulate more expressions and activities they can do for each volunteer work.	10'

八、教学过程（Teaching procedure）

九、教学反思（Teaching reflection）

1. Advantages

（1）Take students as the center of class.

（2）Focus on students' cooperation and divergence thinking.

（3）With the guide of Process Approach, the structure of the composition is simple and clear.

2. Deficiency

（1）The distribution of time.

（2）The improvement of evaluation.

十、课后作业（Homework）

Visit the website by yourself and try to finish the application process （申请流程） again.

附件：学案

Unit 2　I'll help to clean up the city parks(writing)

【Pre-writing】

Introduce the website https://www.volunteerhq.org/volunteer-in-china, to students.

【While-writing】

Task 1：Discuss: Why do you want to be a volunteer?

Why do you want to be a volunteer?

APPLY NOW

INTERNATIONAL VOLUNTEER HQ　LOG IN　APPLY

Log in　Personal Details　Select a program　Select a date　Application

Task 2: Log in

Name	Age	Occupation	Language spoken

Task 3: Personal Details

Personality

Interests and hobbies

Task 4: Select a Program

Where would you like to volunteer?

What can you do for them?

Task 5: Select a Date

When are you free to do the job?

How many weeks would you like to go for?

Task 6: Write a letter or e-mail to the place you want to volunteer at.

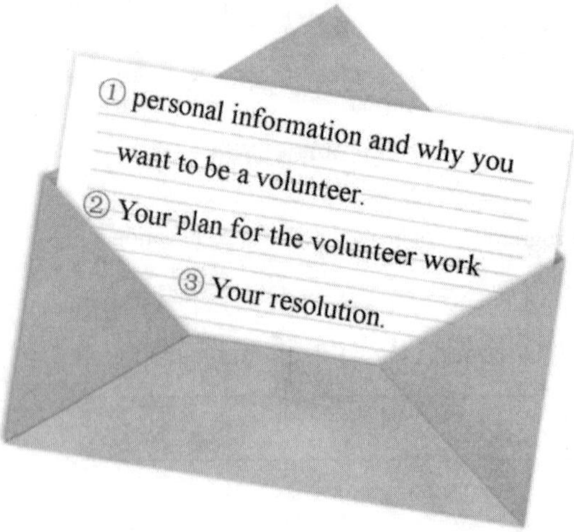

Dear Madam,

____

____

____

____

____

____

____

____

Yours,

【Post-writing】

Marking Ladders				
For you to consider	Objectives	Self -check	Peer check	Teacher's assessment
Hand-writing	My writing is tidy and clear.	☆	☆	
Structure and Content	I have written more than 80 words.	☆	☆	
	I write the whole passage into ____ paragraphs.	☆	☆	
	Para 1: I have expressed my opinion.	☆ ☆	☆ ☆	
	Para 2: I have written _____ reasons.	☆ ☆	☆ ☆	
	Para 3: I have written a conclusion.	☆	☆	
Grammar and Language	I have used the simple present tense.	☆	☆	
	I have used ____ conjunction words / transitional sentences to make my passage coherently.	☆ ☆ ☆	☆ ☆ ☆	
	There are ____ spelling mistakes.	☆ ☆ ☆	☆ ☆ ☆	
	My reasons are sufficient and convincing.	☆ ☆	☆ ☆	
	I have used some beautiful sentences.	☆ ☆	☆ ☆	
	I have used correct clauses. (从句)	☆	☆	
Total score	How many stars have you got ?(☆ = 1 point)			

Task 7:

Sit together and share your application with the classmates who chooses the same volunteer program with you. Who is the best for the volunteer work?

Task 8: Homework

Visit the website by yourself and try to finish the application process(申请流程) again.

Become a volunteer

Your time and talent can make a real difference in people's life.

I'll help to clean up the city park

笔记

案例篇

第二部分　国赛优秀教案

搭积木比赛

国赛小学组一等奖　谭　威

前测题单

姓名：________

1. 下面三幅图分别是从哪个面看到的？请填一填。

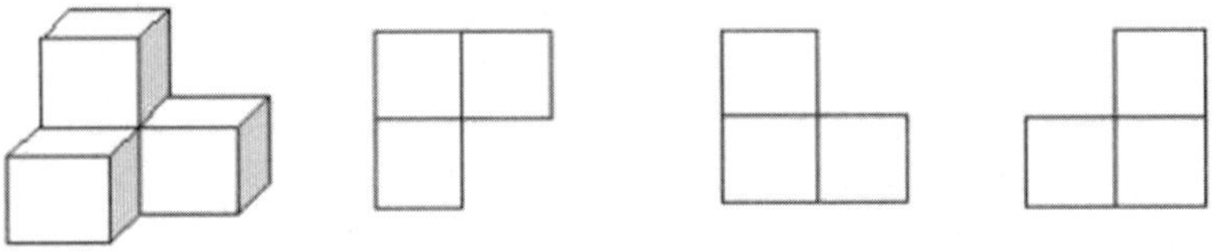

（　　）面　　（　　）面　　（　　）面

2. 淘气用小方块搭了一个图，从正面看是______，从左面看是_____，你猜猜他用了几个正方体方块？

3. 你知道什么是三维空间，什么是二维空间吗？用你自己的语言描述一下。

（不能借助任何工具，也不能请教大人哦！）

教学设计表

一、教育思想

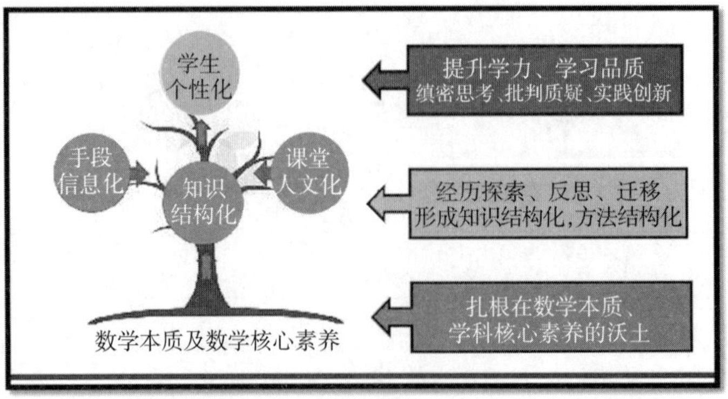

续表

二、教学内容 北师版六年级上册第三单元《搭积木比赛》
三、教材分析 【知识本质分析】 在搭积木的过程中,学生要尝试在三维空间和二维空间之间任意转换。 所谓三维空间,本质是由点的三个坐标决定的空间,具有长、宽、高三种度量。三维即前后—上下—左右。三维的东西能够容纳二维。三维空间的长、宽、高三条轴是说明在三维空间中的物体相对原点 O 的距离关系。 【教材文本分析】 (1)教材编排意图。 教材设置了3个不同层次的搭积木比赛,比赛一是从三维到二维,唤起学生旧有的观察物体的经验。比赛二和比赛三是从二维到三维,是一个逆向的思维过程,学生利用经验还原几何体,确定搭成立体图形需要的正方体数量范围。比赛不是单纯地从某个维度向另一个维度转化利于空间观念发展,而把相互的转换活动放在一起,利于学生积累观察物体的经验。 (2)知识横纵联系。 知识联系:本课是在第一学段从三个不同位置观察物体和从相对的位置观察物体基础上学习的。在学生学习了不多于4个小正方体组合的立体图形的视图基础上,学习5个小正方体组合的立体视图。在数量上虽然仅多了一个小正方体,但是在拼摆时的变化却多了许多。各种拼摆出的立体图形的形状也各不相同,它们的视图有时相同,有时不同。后续学生将继续学习观察的范围和从不同角度观察生活中的物体,了解三维角度,对学生将来中学学习坐标系也有很大帮助。 方法联系:本课的学法是数学学科常用的“猜想+验证”,这种方法从学生低段找规律就开始运用,“大胆猜测、小心求证”,这贯穿了数学学科的整个体系。 【蕴含关键能力】 通过对观察能力、想象能力、推理能力、表达能力的培养,提升学生的空间观念。
四、学情分析 【班级学情】 我们班的学生从三年级起开始进行信息化常态学习,人手一台平板电脑,可以非常熟练地进行信息检索、平板互动。在长期的课堂实践中,学生习惯了小组探究合作,组内有组长、记录员、发言官等各种角色,有问题能够合作解决,有疑问敢于大胆提出,有不同意见喜欢主动反驳,这些能力是孩子们学习过程中的特色。 我们的课堂要以学生为本,相信学生,尊重学情。相信、尊重的前提是了解,是对学情的合理预判。本节课学习的内容是通过不多于5个正方体,学习在二维空间与三维空间的任意转换。在此之前,学生已经学习了4个正方体的转换,在学习中逐步积累了空间推理与空间想象的基本经验,具备了能力基础。

续表

【前测分析】

课前我对学生做了前测，并对数据进行分析：

1. 下面三幅衅分别是从哪个面看到的？请填一填。

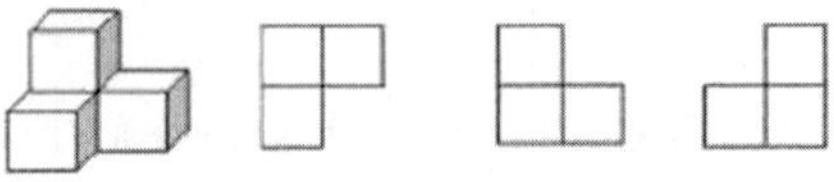

（　　）面（　　）面（　　）面

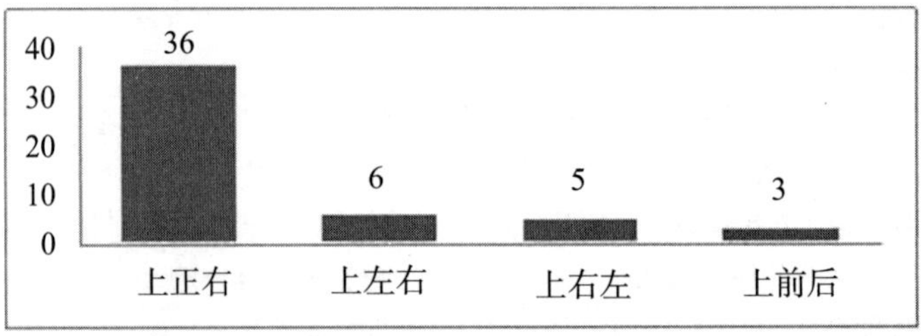

分析：该问题是在考查4年级学生观察物体的三视图基础，从数据可以看出，46个学生的回答的方向与样子都是正确的，这为本课将三维转化为二维提供了认知基础。但有5个学生将左右填反，说明空间想象中的观察方向依然是难点之一。

2. 淘气用小方块搭了一个图，从正面看是 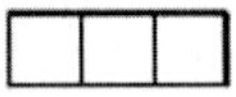，从左面看是 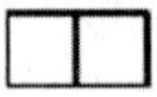 你猜猜他用了几个正方体方块？

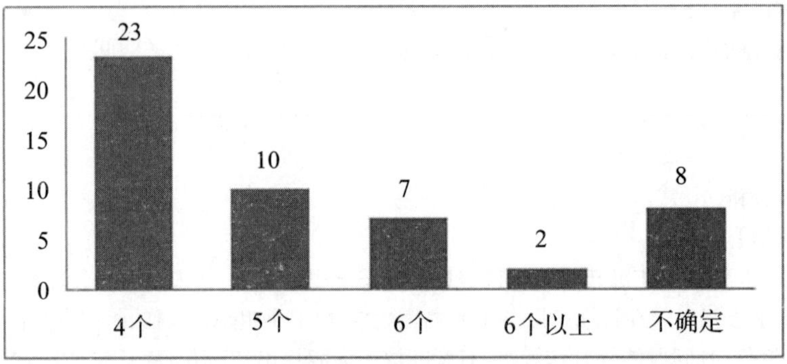

分析：该问题反映出学生对于不确定性有认知困难，40名学生对个数肯定的回答，因为对问题的缜密性缺乏反思，往往是想法中出现一个特定样子就不再进行反思。所以课堂上要带领学生们进行全过程的思考，提升学生的思维品质。

3. 你知道什么是三维空间、什么是二维空间吗？用你自己的语言描述一下。（不能借助任何工具，也不能请教大人哦！）

分析：该问题学生回答的类型很多、很主观。在教学中我们还没有提出过三维、二维的概念，但在当今科技发达的时代，孩子们通过网络、阅读、电影等媒体，对这两个概念都有认知。有19个孩子描述“三维空间是长宽高，二维空间就是长和宽”；有12个孩子说“三维就是从三个角度看，二维是从两个角度看”，虽然不甚准确，但能反映出对概念有自己的理解；剩下的孩子就出现说不清、道不明的情况。

【大数据分析】

通过我本人的教学经验以及对多位有经验的老师的走访，对比历届学生学习这个知识点的情况，得出这样的分析：

学生对该内容往往心理上不够重视，认为数学的重点就是计算、应用题、面积、周长等实质性的知识点，上这样的课有种“平时上累了休息一阵”的感觉。

其实这堂课对学生建立空间观念、培养空间想象能力有不可忽视的作用，所以在本堂课中要让学生感受到其重要性和必要性，建立与生活的密切联系。

五、教学目标

（1）从三维到二维、从二维到三维，通过观察、想象、推理、验证等活动，正确地辨认从不同方向观察到的立体图形，画出相应的平面图形，并能还原三维立体图形。

（2）通过对观察能力、想象能力、推理能力、表达能力的培养，提升学生的空间观念。

（3）在探究中培养学生缜密思考的习惯，感受数学与生活的密切联系。

六、教学重难点

【教学重点】

经历观察、想象、推理、验证的过程，掌握在二维、三维间任意转换的方法。

解决措施：

（1）通过多元表征，将思维外显：将空间想象中的思维表象用语言描述出来，在对比、辨析中提炼方法，掌握将三维转化为二维的想象法，将二维转化为三维的可能性。

（2）多元感知：通过观看视频动画、信息化操作，进行想象推理，并抽象建模，突出重点。

【教学难点】

（1）从三维转化为二维平面图的方向问题。

（2）感受信息不全时搭建积木的不确定性。

解决措施：

（1）观看动画：通过看到右边的图形，翻转得到左边的图形，在此基础上想象自己站在左右进行观察。

（2）聚合归纳：联系各种搭法可能性之间的特点，找到共性和不同点，形成策略。

七、课程资源

课前前测题单、反馈数据、课堂反思单、课后习题设计。

续表

八、教学方法与工具

【教学方法】

数学核心问题智慧连环模式：

这套模式的主要教学思路是不断进行：观察想象、画出图形、看见思考、软件搭建、小组交流、归纳收获、评价表扬的核心问题探究历程，形成智慧连环的课堂。

【教学工具】

PPT、学生平板、教师端互动软件、3D操作软件。

核心问题：搭建积木时，怎样将二维与三维互化？

九、教学流程（实践活动课）

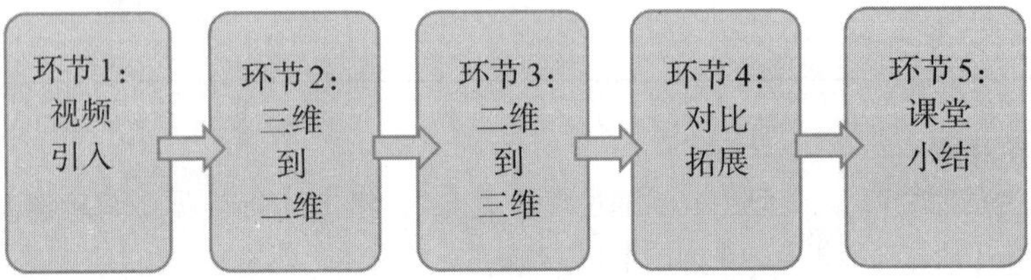

教学环节	教师活动	学生活动	设计意图
视频引入	（1）播放《十二生肖》电影片段，说说对视频中的哪些内容感兴趣。调动学生学习的兴趣。  （2）我们今天的学习没那么高端，但一定能揭示这双手套的原理。板书课题“观察物体——搭一搭”。	学生兴致勃勃观看视频，并积极发言。 预设1：我对电影中的3D打印很感兴趣。 预设2：我对那双手套感兴趣，它就是在扫描数据。 预设3：那双手套扫描的应该是长、宽、高这样的数据。	视频激趣，吸引学生。对于观察物体与生活的密切联系，也会在课后通过回顾视频再次体现。

<table>
<tr><td colspan="3">教学重难点(核心问题:搭建积木时,怎样将二维与三维互化?)</td></tr>
<tr><td>问题及
活动任务</td><td>学生活动及预设</td><td>教师调控及重难点处理</td></tr>
<tr>
<td>活动1:仔细观察,并发挥自己的想象,按要求画一画。(在题单上画出3个方向看到的平面图形。)
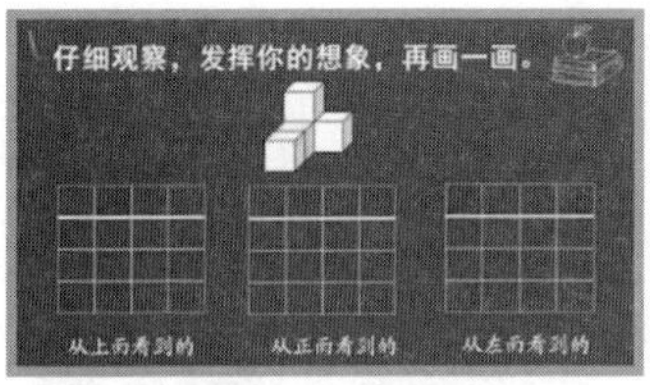

子问题1:这两幅作品,你有什么看法?

活动2:观看视频动画,并总结方法。
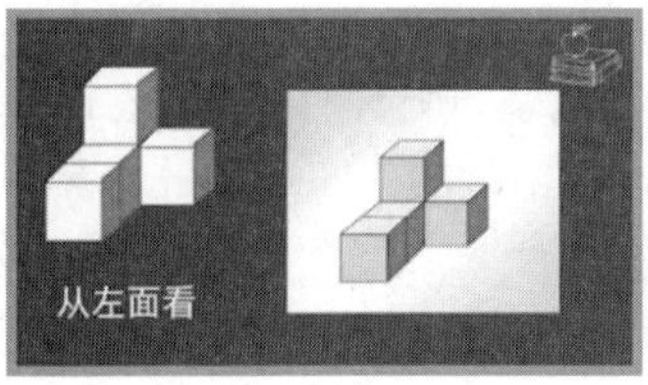
</td>
<td>学生独立思考,并在题单上画一画。

预设1:他们从左面看不一样。
预设2:我觉得红笔画的那幅图是对的,从左看应该是那样啊。
预设3:你可以想嘛,蓝色的肯定是站在右边看到的样子。
学生面露难色。

预设1:可以通过看到右边的图形,翻转得到左边的图形。
预设2:可以想象自己站在左右进行观察。
预设3:也就是说,对着的面样子都一样,只是方向是反过来的。</td>
<td>(1)教师巡堂,寻找方向相反的作品,用手机端智慧助教拍照展示(隐去学生姓名)。
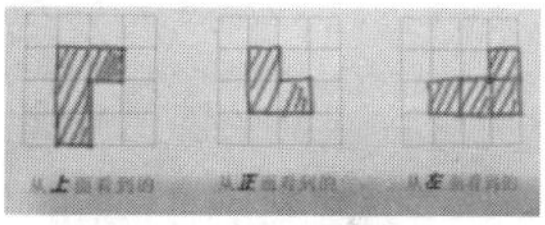

师引导:同学们想象力很强啊,用想象的方法就能解决,但如果我确实想不出来呢?怎么办?
(2)老师通过引导,让学生用不同的方法验证观察和想象的平面图形。
师评价:实践出真知。同学们这个发现对我们以后解决这类问题有很大帮助哦!</td>
</tr>
<tr><td colspan="3">环节意图:
(1)利用动画直观感知,让学生深刻理解从三维到二维的过程,生动、形象地验证学生的想象;
(2)用语言表征触发思维外显,总结出看不见的面应该如何画,提炼方法,突破难点。</td></tr>
</table>

续表

问题及 活动任务	学生活动及预设	教师调控及重难点处理
子问题2:笑笑搭了一个立体图形,从正面看到的形状是4个正方形。你能确定她搭的是什么样子吗?  	学生独立思考,然后回答问题。 预设1:我觉得这样有无数种搭建方法,只要在第一排摆4个,前后就可以任意摆。 预设2:一排搭4个,可以在后面添加,也可以在前面添加,但其他方向不能添加。	(1)师追问:任意摆?那有没有哪里不能摆呢? 师总结:看来这个任意还是有限制的。
子问题3:笑笑又增加了一个从左面看到信息,现在你又有什么想法呢? 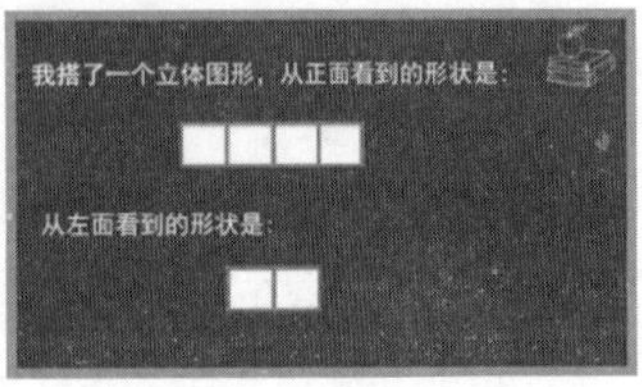 活动3:学生先独立思考,再利用3D软件搭一搭;并在小组内交流搭法,全班汇报。	学生开始积极思考,有学生举手示意。 半分钟后,学生以小组为单位,利用3D软件搭一搭,交流想法。 预设1:我们觉得要用5个,前一排摆4个,后排在任意一个方块后面加一个就行。 预设2:我觉得5个是最少的摆法,还可以在后排加2个、3个,但总数不能超过8个。 预设3:也就是说,虽然笑笑给了两种信息,但我们还是不能确定她搭的是哪一种。	(2)老师留给孩子半分钟左右静静思考的时间,不请孩子回答问题。 在孩子回传的作品展中,选择4种不同的搭建方法展示,并请学生汇报。 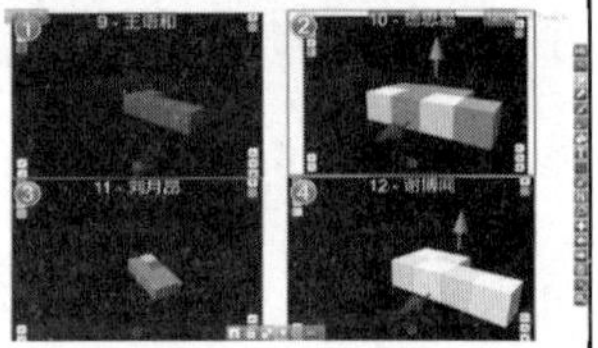 师强调:最少需要5个,最多需要8个,虽然搭法减少,但是依然无法确定搭法。
子问题4:要想确定搭法,还需要知道什么信息? 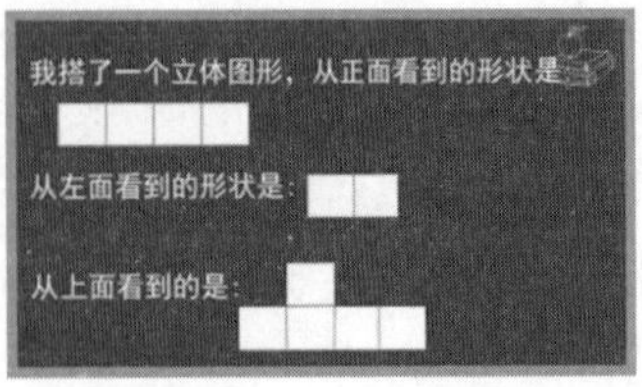 	预设1:还要知道从另一个角度看到的样子。 预设2:还应该知道从上面看是什么样子。 预设3:不行,必须知道相对的面是什么样子的。 学生再次利用3D软件搭一搭,并验证猜想。	(3)师追问:还需要哪个角度? 师反问:知道从右面看不行吗?知道从后面看不行吗? 教师切换PPT。 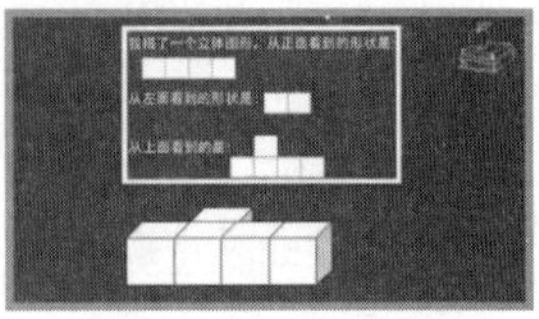

续表

问题及 活动任务	学生活动及预设	教师调控及重难点处理
子问题5：通过刚才的活动，你觉得用二维图形搭建三维图形，有什么经验？	预设1：我知道了如果我们知道的信息越多，得到的结论就越准确。 预设2：要确定一个立体图形的样子，需要知道三个不相对的面的样子。 预设3：还可以通过知道的信息，在脑袋里想象，并逐渐排除不可能的情况。	（4）师评价：没错，同学们刚才完整地经历了观察、想象、推理、验证的过程，空间想象能力的提升不是一蹴而就的，需要我们在学习的过程中不断反思、不断积累经验，这样才能当一个真正的空间大师！

环节意图：

（1）经历完整的数学活动：从猜想到证明，积累提升空间想象能力和空间推理的经验，从而提升空间观念。

（2）利用3D软件完成搭建，并且可以通过旋转，验证自己的搭法，为质疑和思考提供依据。课堂时间更多地留给学生，以生为本，让学生充分思考、共学高效。

<table>
<tr><th>教学
环节</th><th>教师活动</th><th>学生活动</th><th>设计意图</th></tr>
<tr><td>对比
拓展</td><td>（1）比一比，看谁搭得多。

（2）沟通“搭积木”和电影中的3D打印之间的联系，引发思考，并介绍其他学科以及生活中的实例。

</td><td>学生利用各种方式，可以凭空思考，可以用3D软件搭一搭，可以同桌说一说，得出答案：有无数种。

预设1：其实电影中的3D打印，就是利用手套，扫描头像几个面的样子，再将这些样子利用数据分析传到网上，完成打印。

预设2：我们今天搭建积木就是要从三个不同角度认识物体，它是3D的基础知识。</td><td>（1）巩固经验、方法，将知识迁移应用。

（2）从数学学习中潜移默化地培养学生全面、辩证地看待问题、事情和人物的思维方式，并把数学学习和生活相结合，体会到本课学习的必要性。</td></tr>
</table>

续表

教学环节	教师活动	学生活动	设计意图
课堂小结	完成课堂反思单： 《搭积木比赛》课堂反思单 姓名： 我的发现：这节课我们主要在研究（ ），根据立体图形画出平面图，我们要注意（ ）；根据平面图摆立体图形，我发现（ ），其中，要给出（ ）个（ ）的面，才能摆出准确的立体图形，这些方法都运用到了一个数学思路（ ）→（ ），这是我们以后数学学习常用的思维方式。 我的问题：那四维空间又是什么样子呢？ 我的新点子：我们在生活中看一个物体时，都可以想一想它各个面是什么样子。	学生自主回顾学习过程，填写反思单。	引导学生明确本课研究的问题，并产生新的疑问，形成将所学知识、方法结构化的意识。

十、板书设计

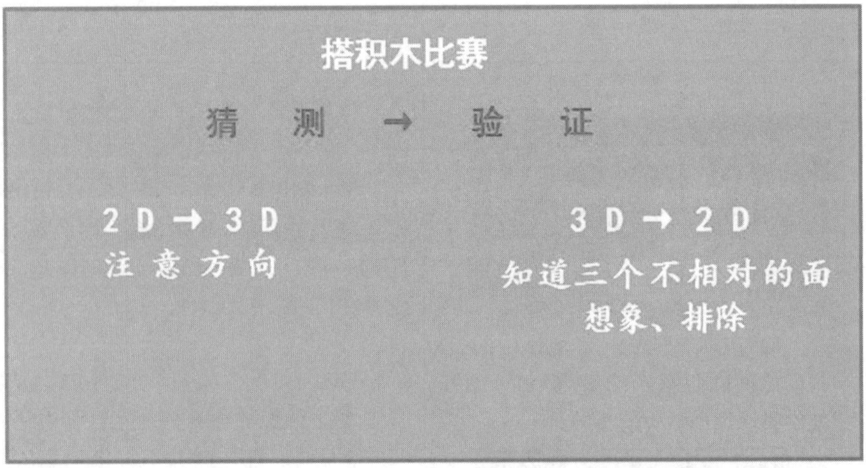

“搭积木比赛”课堂反思单

姓名：________

我的发现：这节课我们主要在研究（　　　），根据立体图形画出平面图，我们要注意（　）；根据平面图摆立体图形，我发现（　　），其中，要给出（　）个（　）的面，才能摆出准确的立体图形。这些方法都运用到了一个数学思路（　）→（　），这是我们以后数学学习中常用的思维方式。

我的问题：那四维空间又是什么样子的呢？

我的新点子：我们在生活中看一个物体时，都可以想一想它各个面是什么样子的。

课后习题设计

1.（模仿）

一个立体图形，从正面看到的形状是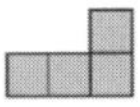，从上面看到的形状是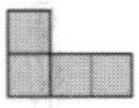，从左面看到的形状是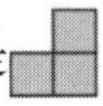。搭一搭，你用了几个小正方体？

2.（变式）请在合适的括号里画√。

一个立体图形，从正面看到的形状是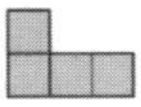，从左面看到的形状是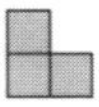。

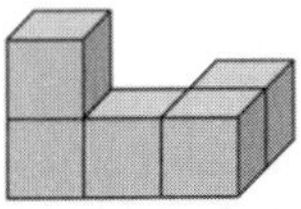
（　　）

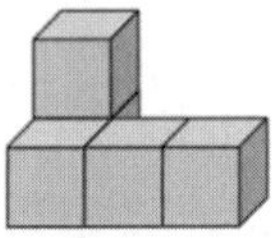
（　　）

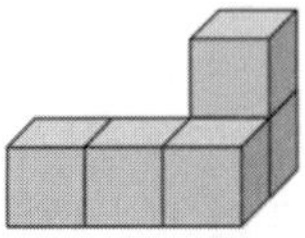
（　　）

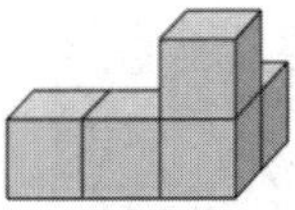
（　　）

3.（拓展）图中的立体图形由11个棱长为1的立方块搭成，这个立体图形的表面积为________。

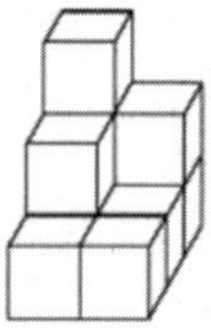

《搭一搭》
教学+阐释

笔记

案例篇

圆的认识

国赛小学组备赛作品　谭　威

前测题单

姓名：________

1. 你心中的圆是什么？请将你的想法用你喜欢的方式发送到平板上。

2. 你知道圆各部分的名字吗？请写下来哦！（如果不会，可以看书学习、上网搜索、同学交流、请教家长等。）

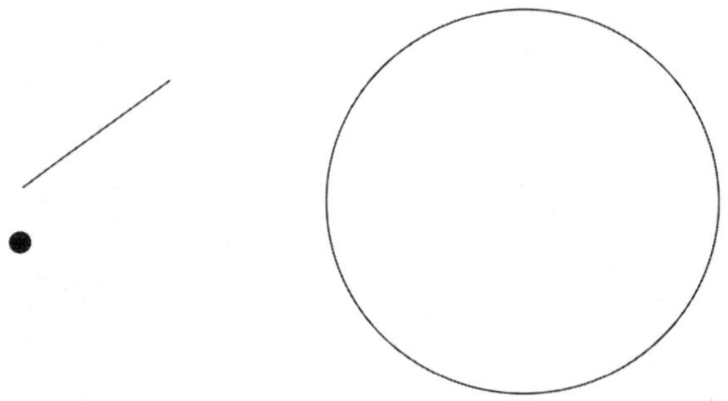

3. 对于圆，你想提什么问题呢？

教学设计表

一、教育思想 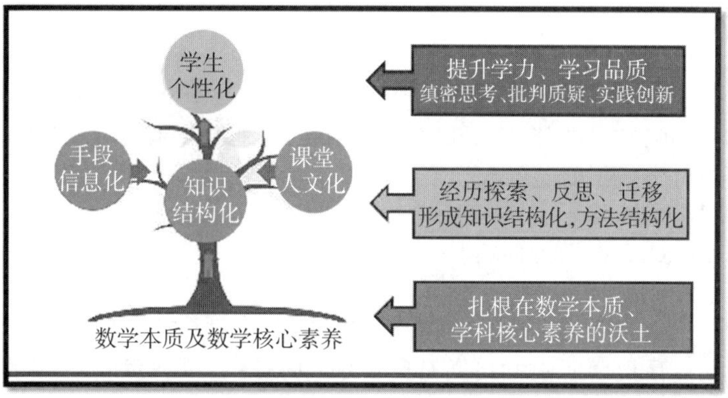
二、教学内容 北师大版教材六年级上期第一单元“圆的认识”。
三、教材分析 【知识本质分析】 在中学阶段,圆的定义是:在同一平面内,到定点的距离等于定长的点的集合叫作圆。同圆内圆的直径、半径长度永远相同,圆有无数条半径和无数条直径。圆是轴对称、中心对称图形,对称轴是直径所在的直线。 同时,圆又是“正无限多边形”,而“无限”只是一个概念。当多边形的边数越多时,其形状、周长、面积就都越接近于圆。所以,世界上没有真正的圆,圆实际上只是概念性的图形。 【教材文本分析】 (1)教材编排意图。 虽然圆对于六年级学生来说是司空见惯的,但是他们仅仅感知了圆这个图形的形状特征,并不认识圆内在的本质特征,也就是圆的结构特征。为了帮助学生认识圆,教科书设计了由具体到抽象的几个层层递进的认识活动:首先围绕套圈游戏公平性问题的探究产生圆,体会圆的优越性及其特征;在此基础上,探究如何画圆,进一步认识圆的特征;在画圆的基础上,明晰组成圆的要素,体会圆心和半径的作用;然后结合“车轮为什么是圆的”这个问题进一步认识圆区别于其他图形的本质特征。 (2)知识横纵联系。 在学习本课之前,学生对于平面几何图形中点、线、面以及轴对称图形等基本概念已经有了初步的认识。另外,学习“圆的认识”使学生对平面几何图形的认识,从直线段图形扩大到曲线图形。不仅对进一步学习圆的周长和面积是十分重要的基础,也是将来学习立体图形的基础,同时对发展学生的空间观念也有很重要的作用。 【蕴含关键能力】 发展学生空间观念,提升解决问题的能力。

续表

四、学情分析

【班级学情】

我们班的学生从三年级起开始进行信息化常态学习，人手一台平板电脑，可以非常熟练地进行信息检索、平板互动。在长期的课堂实践中，学生习惯了小组学习探究合作，组内有组长、记录员、发言官等各种角色，有问题能够合作解决，有疑问敢于大胆提出，有不同意见喜欢主动反驳，这些能力是孩子们学习过程中的特色。

【前测分析】

课前进行了前测，布置了3个问题。

(1)“你心中的圆是什么?”

分析:这是个开放性的问题，学生来到课堂不是一张白纸，这个问题可以促使学生元认知。从学生的反馈中可以看出，学生对圆的理解是多角度的，从艺术、圆的寓意角度对圆的理解比较多，但聚焦到数学的角度、用准确语言来解释圆的学生人数并不多;另外，有23个学生在用平板回答这个问题时，说“某某东西就是圆”，这种表达在数学上不够精确和准确，还需提炼“面在体上”。

(2)“你知道圆各部分的名称吗?”

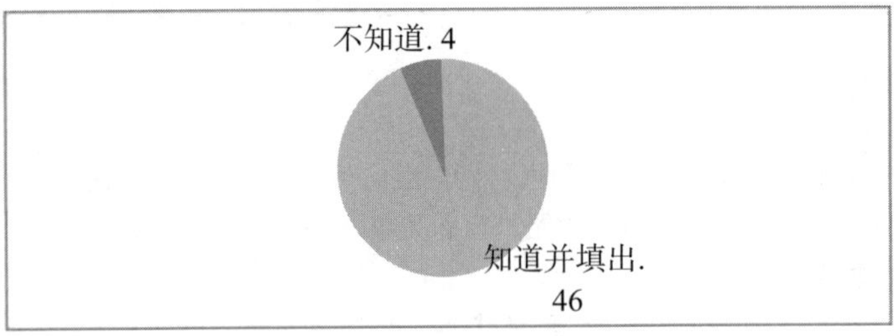

分析:这是告知性问题，学生就算不知道，翻书一看也能了解，所以教学重点应放在探究它们的特点和关系上。

(3)“对于圆，你有什么疑问?”

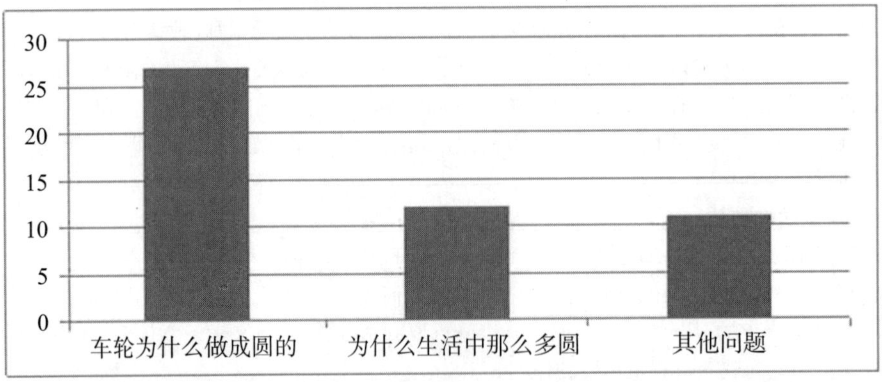

分析:前两项是学生提问频率最高的两个问题，这些问题是学生渴望解决的“真问题”，所以教学中让学生自主探索，用圆的特征来解释生活现象是本课的教学重点。

【大数据分析】

通过我本人的教学经验以及对多位有经验的老师的走访,对比历届学生学习这个知识点的情况,得出这样的分析。

工具操作对于小学生来说一定会是难点,尤其是圆规的操作,有很多细节的方法需要老师指导,所以学生第一次使用肯定画不好圆。根据前测反馈和大数据分析,我将操作确定为本堂课的难点。

五、教学目标

(1)掌握圆心、半径和直径,能用圆规画指定大小的圆。

(2)在活动中,通过小组合作,感受圆与其他图形的区别,沟通它们的联系,获得对数学美的丰富体验,提升对数学文化的认同。

(3)在学习过程中借助网络,发展学生的信息化素养,培养批判精神与质疑能力。

六、教学重难点

【教学重点】

对"一中同长"这个本质特征进行深刻体会,并解释这一特征在生活中的各种应用。

解决措施:

(1)多元感知:看一看、画一画、折一折,抽象出圆的特征,并在合作中迁移应用。

(2)信息化手段助力:在经历了小组合作后,学生们还可以运用百度搜索,探寻更多思考问题角度,将生活与数学紧密联系。

【教学难点】

能用圆规画指定大小的圆,了解半径和直径的特点。

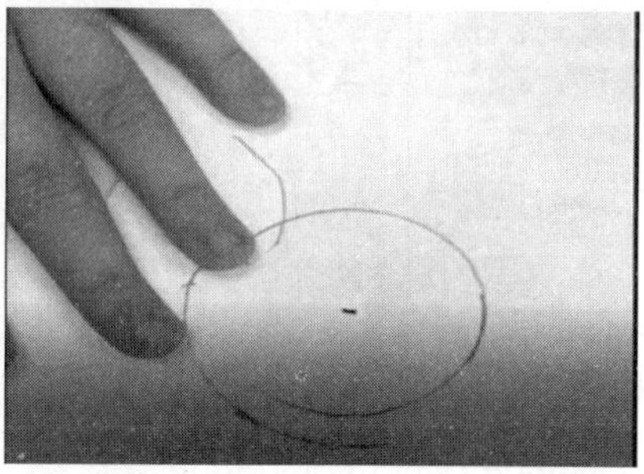

解决措施:

多元表征→抽象建模。

(1)通过信息化直观的方式,归纳用圆规画圆的一般方法。

(2)辨析为什么用圆规画不出其他曲线图形。

(3)通过类比,尝试猜直径的特征,并验证直径与半径的关系。

七、课程资源

前测资料、反馈数据、视频资源、课后习题。

续表

八、教学方法与工具

【教学方法】

移动终端下的探究式学习。

【教学工具】

PPT、学生平板、教师端互动软件。

核心问题：圆有哪些特征？

九、教学流程（概念课）

环节1：前测导入，初步感知 → 环节2：实践操作，理解概念 → 环节3：深入探究，建构概念 → 环节4：对比研究，辨析概念 → 环节5：拓展应用，深化体验 → 环节6：课堂小结

教学环节	教师活动	学生活动	设计意图
前测引入初步感知	（1）你心中的圆是什么？ 展示学生课前上传的作品，随机挑选一些有特色的孩子来汇报。 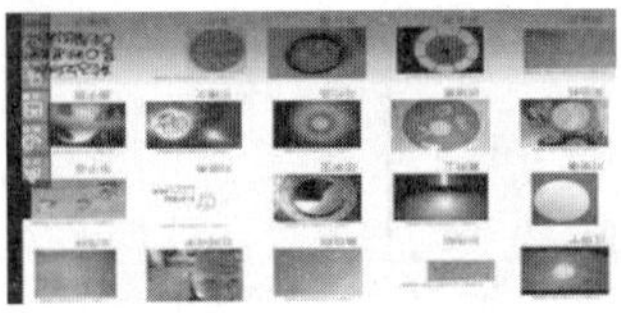 老师肯定对孩子的圆的先前认识，并引导学生聚焦数学的角度。板书：圆的认识。 （2）从孩子的材料中选择几幅图片，提问“这些物体真的是圆吗？”并发起投票。 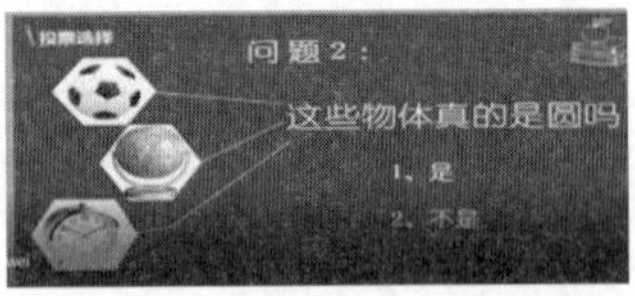 	（1）被选中的孩子介绍他们心中的圆。 预设学生从各个角度来描述心中圆。  （2）孩子们进行投票选择。	（1）了解并充分展示学生心中的圆，实现知识从融合到数学的过渡。 （2）聚焦数学表达，区分立体图形和平面图形的区别。

<table>
<tr><th>教学环节</th><th>教师活动</th><th>学生活动</th><th>设计意图</th></tr>
<tr><td></td><td>区分平面图形与立体图形，并激发孩子思考：我们生活中真的有哪个物体是圆吗？

(3)有人说，因为有了圆，我们的世界才变得如此美妙而神奇，那么这堂课，就让我们一起，走进圆的世界，去领略其中的奥秘，好吗？</td><td>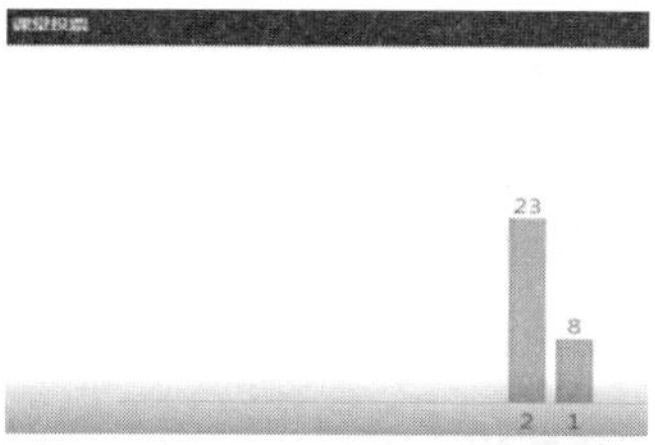

认识到圆的正确表达方式，让数学表达更精确。</td><td></td></tr>
<tr><td colspan="4">教学重难点(核心问题：圆有哪些特征？)</td></tr>
</table>

<table>
<tr><th>问题及活动任务</th><th>学生活动及预设</th><th>教师调控及重难点处理</th></tr>
<tr><td>子问题1：你有哪些方法画圆？

活动1：观看视频《玥玥切圆法》。
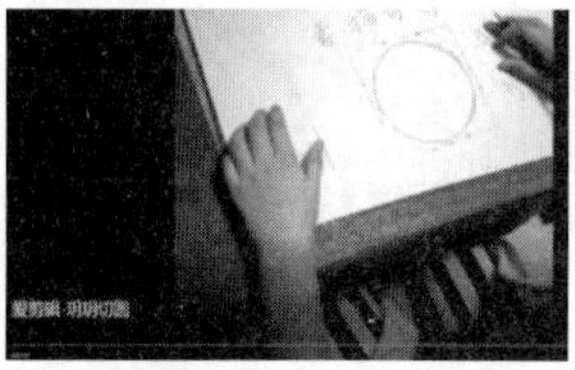
活动2：尝试用圆规画圆。画完后交流展示。
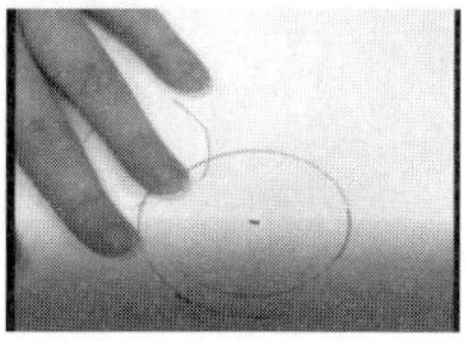</td><td>预设1：我能用圆规画圆。
预设2：我能绕着一个圆形的物体画一圈，就成了一个圆。
预设3：我能用两个量角器拼成一个圆。

学生看完后情不自禁地鼓掌！

学生齐答：极限思想！

学生独立画圆，交流问题：
预设1：我画圆的时候，这个针尖总是不固定，要乱跑。
预设2：我画着画着，这个圆就不圆了。
预设3：要乱跑就是针尖在作怪，你要把它固定在桌子上，它决定了这个圆在哪儿！</td><td>(1)师评价：想到了使用工具！
师评价：借圆画圆。
师评价：还理解了半圆和圆的工具。

师引导：课前有位同学将她独特的画圆方法拍成了视频，我们一起来看看！
师适时追问：刚才这位同位的视频，其实利用了一个数学思想——

(2)师巡堂，进一步了解学情，用信息化手机端收集并展示学生失败的作品。(要隐藏学生姓名。)</td></tr>
</table>

续表

教学环节	教师活动	学生活动
 活动3:再次尝试用圆规画圆,但圆规的大小都要固定。	预设4:不圆就是因为你的圆规两只脚的宽度变了,不能拿着圆规的脚,要拿着圆规的顶端! 预设1:可以规定一个圆的半径,就是圆规一头和另一头之间的距离。 预设2:没错,两脚的宽度叫半径,它决定了圆的大小。 学生画圆。	师反问:这是为什么呢? 教师给予肯定,并用直播的手段请一个画得好的同学再画一次,同学们在大屏幕上观看。 师引导:看来画圆也是有很多小技巧的,想不想再画一次呢? (3)师引导:能不能想个办法,让我们全班的同学画出的圆一样呢? 师:提到了一个新名词——半径。(板书)那就统一把半径定为3厘米好吗?定完后,同样把这个圆画出来。
环节意图: (1)通过思考画圆方法的多样性来拓展思维宽度。 (2)特意选取画得不够好的圆作为课堂中有价值的素材,通过反思体会画圆的技巧。 (3)通过再一次画规定大小的圆,让学生感受圆大小的决定因素。		

问题及活动任务	学生活动及预设	教师调控及重难点处理
子问题2:如果有人问起,这是一个多大的圆?怎么和别人交流呢? 活动4:把这个圆片剪下来。折一折,看一看,证明圆的直径与半径的关系。 活动5:请同学分别介绍它们的字母。	预设1:这是半径3厘米的圆。 预设2:我还可以说它是直径6厘米的圆。 预设3:也就是说,还可以借助直径来描述这个圆的大小。 预设:从折痕可以明显看出,直径是半径的两倍。 学生介绍。 	(1)教师在适当的时候板书:直径。 师装疑惑。 师反问:你能证明你说的直径与半径间的2倍关系吗? (2)师介绍:在圆里,还有一个重要的名称,圆心。(板书:圆心。)

<table>
<tr><td colspan="4">环节意图：
（1）第二次画圆后，学生对固定大小的圆有了深刻体会，半径和直径的概念也呼之欲出，再配合折一折、看一看的感知，自主探究出直径与半径的特征。
（2）从前测题单可以看出学生对直径、半径的字母是知道的，此处就放手让学生来当小老师。</td></tr>
<tr><td>教学环节</td><td>教师活动</td><td>学生活动</td><td>设计意图</td></tr>
<tr><td>对比研究，辨析概念</td><td>关于直径，老师这里给大家带来了3条线段（课件出示），你认为哪一条才是圆的直径？其他两条为什么不是呢？</td><td>学生用反馈器做选择。
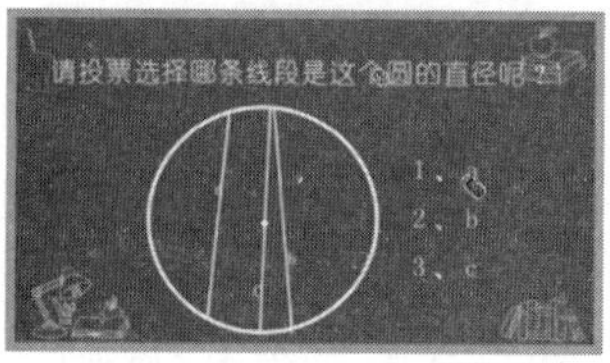</td><td>通过辨析及时巩固，用统计数据，便于老师了解知识掌握情况。</td></tr>
<tr><td>拓展应用，深化体验</td><td>（1）出示三个问题：
车轮为什么是圆的？为什么大多数雨水井盖做成圆的？篝火晚会时，人们为什么不自觉站成圆形？
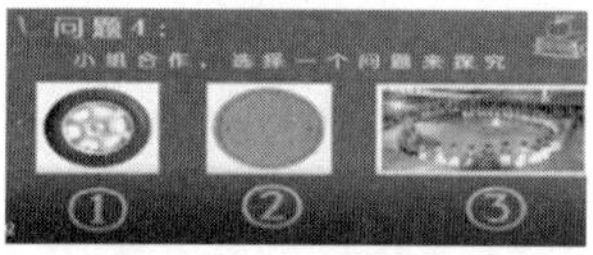
请孩子们以小组为单位，自主选择一个问题进行研究。
（2）请小组上台进行展示汇报。</td><td>（1）孩子以小组为单位自主选择想要研究的问题，并进行讨论、搜索。
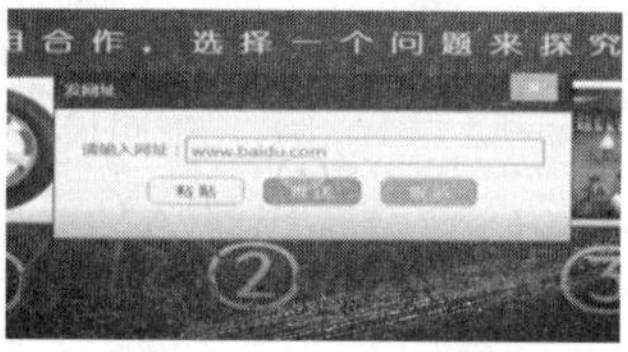
（2）每个小组发言人上台汇报展示，组与组之间相互补充、质疑。

</td><td>开放的课堂，让孩子学会多角度思考，而不是只追求答案的唯一性。</td></tr>
</table>

续表

教学环节	教师活动	学生活动	设计意图
课堂小结	(1)完成课堂反思单。 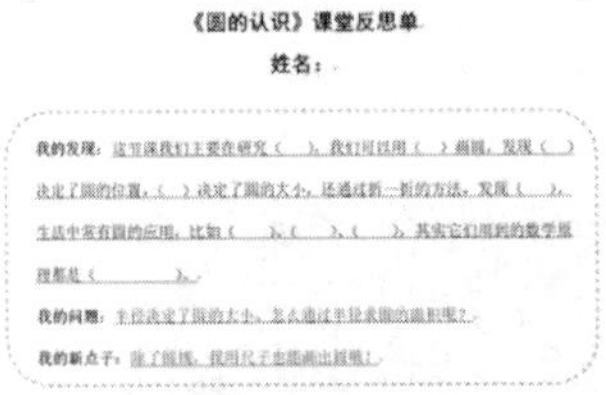 《圆的认识》课堂反思单 姓名： 我的发现：这节课我们主要在研究（ ），我们可以用（ ）画圆，发现（ ）决定了圆的位置，（ ）决定了圆的大小，还通过折一折的方法，发现（ ）。生活中常有圆的应用，比如（ ）、（ ）、（ ），其实它们用到的数学原理都是（ ）。 我的问题：半径决定了圆的大小，怎么通过半径求圆的面积呢？ 我的新点子：除了圆规，我用尺子也能画出圆哦！ (2)幼儿园时我们就认识了圆，为什么到六年级才学习圆呢？请同学们课后思考。	(1)学生独立完成课堂反思单。 (2)学生们课后将思考结果用平板发送上来。	再次用开放的问题促进学生思考，并作为习题设计的一部分。

十、板书设计

圆的认识

圆，一中同长也。

中：圆形 O。

同长：半径 r —— radius；

直径 d —— diameter。

同一个圆中：$d=2r$。

“圆的认识”课堂反思单

姓名：________

我的发现：这节课我们主要在研究（　　　），我们可以用（　　）画圆，发现（　　）决定了圆的位置，（　　）决定了圆的大小，还通过折一折的方法，发现（　　）。生活中常有圆的应用，比如（　　）、（　　　）、（　　　），其实它们用到的数学原理都是（　　　　　　　　）。

我的问题：半径决定了圆的大小，怎么通过半径求圆的面积呢？

我的新点子：除了圆规，我用尺子也能画出圆哦！

课后习题设计

1.（模仿）请在下面画一个半径是2厘米的圆，并标出r、d、O。

2.（变式）填一填。

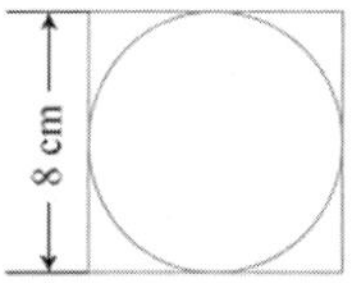

圆的半径是（　），直径是（　）。

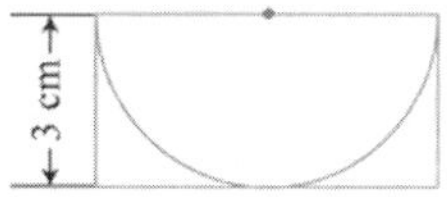

圆的半径是（　），直径是（　）。

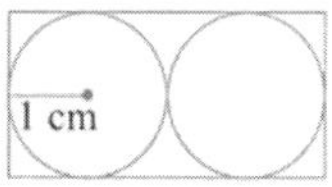

长方形的长是（　），宽是（　）。

3.（拓展）幼儿园我们就认识了圆，为什么到六年级才学习圆呢？（开放题）

《圆的认识》
教学+阐释

笔记

赤壁赋

国赛中学语文组二等奖　李　挚

一、教学理念

（1）通过真实阅读，发展学生的深度阅读能力。努力让学生在语文学习过程中，获得辩证思维的发展与提升，以及深刻性、批判性等思维品质的提升。

（2）文言文教学，应重视“言文合一”，既要让学生掌握重点的文言字词，还要通过教学帮助学生欣赏文章内容，感受文化意蕴，继承和弘扬中华优秀传统文化。

（3）通过细读文本，引导学生深入理解文本内蕴和作者的精神世界，破除对作者的“标签化”认知。

二、教材解读

前、后《赤壁赋》是苏轼被贬黄州期间最具代表性的作品。两篇文章截取了“赤壁”不同时节的景象，从一个侧面展现了作者“黄州突围”的心路历程。

前《赤壁赋》记叙了作者与友人夜游赤壁的所见所感，通过主客问答的形式，反映了作者由月夜泛舟的舒畅，到怀古伤今的悲咽，再到精神解脱的达观。后《赤壁赋》是前《赤壁赋》的姊妹篇，重在叙游、状景，并借孤鹤道士的梦幻之境，表现旷然豁达的胸怀和慕仙出世的思想。

将这两篇文章联系起来学习，可以帮助学生更好地理解苏轼“外儒内道”的精神世界，破除学生对苏轼“天生乐观”的标签化认知，培养学生坦然、达观的人生态度。

三、学情分析

本课的教学对象是高一年级下期的学生。该学段的学生已具备基本的文言文阅读能力，可以自行对照注释，初步理解文意。因此教学这两篇课文，要注意点拨重要、疑难的文言知识，但不应拘泥于此。其次，通过以往的学习，学生对于苏轼已有一定认知，但对其精神世界的理解则较为浅表，往往只建立起诸如“豪迈”“豁达”“乐观”等标签化、概念化的印象，因此在教学时，应引导学生以文本为依据，深入理解作者在两篇文章里展现出的迥然不同的情感状态，在认识理解苏轼的文章内涵的同时，观照自身的精神成长。

四、教学目标

（1）梳理前、后《赤壁赋》的主要内容，培养学生的信息筛选能力。

（2）理解两次“突围”呈现的情感差异，发展学生细读文本的能力。

（3）探究苏轼的精神突围，引导学生由文及人，观照自身精神成长。

五、教学方法

朗读体悟、比较阅读、探究分析等。

六、教学内容与过程

（一）课前预习任务

（1）阅读相关书籍或上网查询资料，了解“乌台诗案”的始末。

（2）复习前、后《赤壁赋》的文言知识，把握文章大意。

（二）课堂教学内容

（1）速读课文，以“突围”为线索，理清前、后《赤壁赋》的主要内容。

（2）细读文本，理解两次“突围”所呈现的不同结果。

（三）教学重点

（1）理清前、后《赤壁赋》的主要内容。

（2）理解两次“突围”所呈现的不同结果。

（四）教学难点

理解后《赤壁赋》中“鹤道入梦”的寓意。

（五）教学思路和流程

环节一：导入——名言激趣

【设计意图】以林云铭和金圣叹的评论，引导学生聚焦本课教学关键“突围”，为后面勾连前、后《赤壁赋》，理清文章内容，奠定基础。

环节二：整体感知——梳理两篇《赤壁赋》的主要内容

（1）余秋雨先生曾用“突围”二字，来形容苏轼在黄州期间的人生经历。对苏轼而言，“突围”就是要摆脱自己被贬黄州时惊惶无措的精神困境。请以“突围”为线索，快速阅读前、后《赤壁赋》，按要求填写如下表格。

次序	面临的困境	突围的方式	结果

学生自主填写，互动交流，展示信息筛选成果。

表格示例如下。

次序	面临的困境	突围的方式	结果
1	人生无常	主客对答	客喜而笑
2	内心悲恐	鹤道入梦	予亦惊寤

（2）小结：两次“突围”，间隔时间不长，但结果迥异：一乐一空。

【设计意图】以“突围”为思维起点，以表格为载体，引导学生默读文本，关联前、后《赤壁赋》并重新建构，重点关注两次“突围”的不同结果：乐、空。

环节三：文本细读——理解两次“突围”的不同结果

任务（一）：理解第一次“突围”

（1）认识第一次“突围”的困境。

①第一次“突围”的困境来自于客“生命短促、世事无常”的感慨，请找出文中最能体现这种情感的句子，并准确翻译。

②学生回答找到的句子（寄蜉蝣于天地，渺沧海之一粟。哀吾生之须臾，羡长江之无穷。），全班齐读，理解句意。

（2）理解第一次“突围”的方式。

①苏轼如何解答客“生命短促、世事无常”的疑惑？

学生细读文本，找出关键信息（逝者如斯，而未尝往也；盈虚者如彼，而卒莫消长也。盖将自其变者而观之，而天地曾不能一瞬；自其不变者而观之，则物与我皆无尽也，而又何羡乎！），互动交流，理解作答。

②除了改换看待人生的视角，苏轼还提出了怎样的做法？

学生再读文本，找出关键信息（苟非吾之所有，虽一毫而莫取。惟江上之清风，与山间之明月，耳得之而为声，目遇之而成色，取之无禁，用之不竭），概括作答。

（3）小结：为突生命无常之围，摒弃妄念，改换人生视角，将有限的个体生命融入“江上清风，山间明月”，体悟“羽化而登仙”，故而乐之。

（4）学生齐读前《赤壁赋》第4自然段，感受苏轼的“突围”之乐。

任务（二）：理解第二次“突围”

（1）理解第二次“突围”的方式。

①如何理解“鹤道入梦”？

学生互动交流，思考作答。（教师相机引导，出示PPT：苏轼《放鹤亭记》，“《诗》曰：‘鹤鸣于九皋，声闻于天。盖其为物，清远闲放，超然于尘埃之外。’”）

②苏轼通过“鹤道入梦”实现精神自由了吗？

学生思考作答。

（2）小结：为突登山之后，内心悲恐之围，寻赤壁之景做解脱既已无果，只得发于梦中，借“鹤道合一”孤高、闲适、超然之幻境而超脱于世。然“开户视之，不见其处”，只余苏子尚处尘世，故而惊寤却又余留空茫。

【设计意图】通过细读文本，辅以拓展阅读材料，引导学生对两次“突围”进行深入分析，为从根本上理解苏轼的“精神突围”做铺垫。

环节四：拓展探究——理解苏轼的意义

（1）比较两次“突围”，找出其“突围”方式的不同点。

学生思考作答。

答案示例：第一次“突围”的方式是改换视角、寄情山水，第二次“突围”的方式是回归心灵、精神开悟。

（2）小结：综合两次“突围”，我们可以发现，第一次“突围”是借助外在来开解自己，第二次“突围”则是依靠自己纯粹的内心世界。（出示PPT：《孟子·离娄上》，“行有不得，反求诸己”。）

（3）这种精神蜕变对于苏轼的意义是什么？（出示链接材料《卜算子·黄州定慧院寓居作》《定风波·莫听穿林打叶声》。）

链接材料：《卜算子·黄州定慧院寓居作》1083年

缺月挂疏桐，漏断人初静。谁见幽人独往来，缥缈孤鸿影。 惊起却回头，有恨无人省。拣尽寒枝不肯栖，寂寞沙洲冷。

链接材料：《定风波·莫听穿林打叶声》1082年

莫听穿林打叶声，何妨吟啸且徐行。竹杖芒鞋轻胜马，谁怕？一蓑烟雨任平生。 料峭春风吹酒醒，微冷，山头斜照却相迎。回首向来萧瑟处，归去，也无风雨也无晴。

学生讨论作答。

（4）小结：既然“求之不得”之后总是“欲罢不能”，那些自我的忘情也就只是暂时起效。既然现实的路艰危困窘，苏轼就只能不断地为自己写下一篇篇如《定风波》《赤壁赋》这样的诗文。开解困顿的人生，对苏轼而言，是一场经久不绝的精神“突围”，“赤壁”只是其中最精彩的一役！

（5）总结（结束语）：同学们，苏轼的伟大就在这里。无论面对什么样的困境，他都能用健康的心态和达观的智慧，一次次突围，给自己生路，给世界温暖。这种深陷泥淖而内心自由才是真正的旷达与豪迈！这才是真正的人生突围！也是前、后《赤壁赋》带给我们的精神“突围”——实现人格的健全完满，不断追求豁达的人生境界！

【设计意图】整合之前的教学环节，深化对学生对“突围”的认识，引导学生理解真实的苏轼，着眼个人的精神成长。

（六）布置作业

（1）结合已学过的苏轼诗文，就苏东坡的精神“突围”写一段人生感悟。

（2）课后阅读林语堂的《苏东坡传》或余秋雨的《苏东坡突围》，完成读书笔记。

（七）板书设计

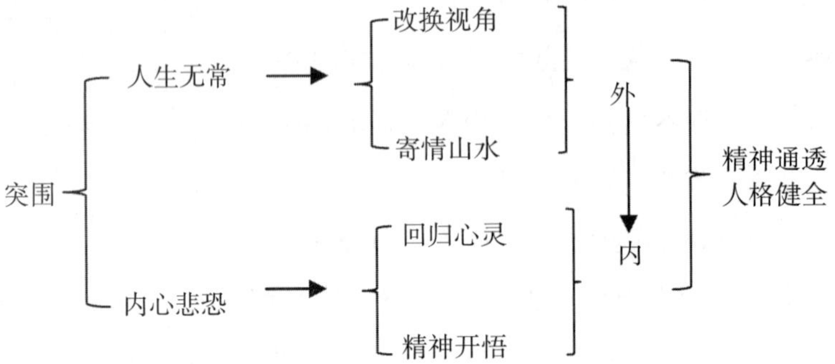

七、教学评价

（1）过程性评价：根据学生课堂上对两篇文章文言知识的掌握程度，适时评价学生预习作业完成情况；对课堂中，学生参与“理解两次‘突围’的不同结果”的问题思考、小组交流、发言的积极性和质量适时做出鼓励性、引导性为主的评价；对课堂中，学生现场生成的个性化理解给予充分尊重和恰当评价。

（2）结果性评价：根据学生课堂学习状态和效果的自我感受与学生反馈，反思教学设计以及教学实施中的缺漏和不足，及时改正和调整；认真评阅学生课后所完成的“人生感悟”和读书笔记，选出优秀作品在班级内分享展示。同时鼓励学生相互学习，取长补短，在交流改进中不断完善自己对苏轼认识。

八、课程资源

（1）教学文本：苏轼前、后《赤壁赋》。

（2）链接材料：苏轼《放鹤亭记》《卜算子·黄州定慧院寓居作》《定风波·莫听穿林打叶声》；余秋雨《苏东坡突围》；林语堂《苏东坡传》。

《赤壁赋》：
苏轼的突围与超越

笔记

写好触动心灵的瞬间

国赛中学语文组备赛作品　李　挚

一、教学理念

（1）学生写作能力的提升，本质上就是一个不断“写——改——写”的练习升格过程。在这个过程中，教师的关键作用在于为学生提供最有效的学习材料，对普遍存在的问题进行最有力的针对性指导，要求学生不断在自己作文基础上进行目标明确的“升格”练习。

（2）记叙文的写作，不仅要关注对人的描写、对事的叙述，更要注意努力做到以情感人。这是当前学生记叙文写作中的一大问题，需要教师对症下药。

（3）写好触动心灵的瞬间，不仅可以提升学生的记叙文写作能力，还可以引导学生关注生活，培养敏锐的情思。

二、教材解读

生活是丰富多彩的，可是，我们写作时却常常感到生活平平淡淡，没有什么东西可写。究其原因，是缺乏对生活的敏感。“心音共鸣，写触动心灵的人和事”就是要引导学生关注日常生活中的细节，在提升学生写作能力的同时，培养学生敏锐的情思。

因此，学习写作“触动心灵的瞬间”，首先要引导学生发掘现实生活中“触动心灵”的素材具有何种共性，从理性分析的角度帮助学生解决“写什么”的问题；其次要用好学生的错例和经典的范例，让学生在比较辨析中，理解写好“瞬间”的方法；最后要通过具体的写作练习和升格训练，在实践中提升写作能力。

三、学情分析

本堂课的授课对象是高一年级上期的学生。该学段的学生，写一篇写人记事的文章并不困难，但要写出令人感动的作品则十分不易。原因在于学生缺乏对生活的敏感，轻易放过了生活中那些触动心灵的人和事；同时，即使积累了素材也缺乏梳理和必要的写作技巧，因而难以创作出令人满意的作品。因此，教学本课从“写什么”和“怎样写”两个具体方面展开，帮助学生明确“触动心灵的瞬间”有何特点，以及可以用什么样的方法来描写瞬间。

四、教学目标

（1）明确“触动心灵”的瞬间的特征，培养学生挖掘素材的能力。

（2）掌握写作“瞬间”的两种方法，提升学生的记叙文写作能力。

（3）通过写作训练，引导学生关注生活，提升学生对生活的敏感。

五、教学方法

合作研讨、问题探究、读写结合等。

六、教学内容与过程

（一）课前预习任务

（1）预习教材“心音共鸣 写触动心灵的人和事”一节的相关内容。

（2）完成习作《触动心灵的瞬间》。

（二）课堂教学内容

（1）梳理“触动心灵的瞬间”的素材特征。

（2）通过辨析错例和范例，掌握描写“瞬间”的基本方法。

（3）通过课堂练习，落实写作技巧训练。

（三）教学重点

（1）辨析错例，鉴赏范例，掌握描写“瞬间”的基本方法。

（2）课堂练习，落实写作技巧训练。

（四）教学难点

掌握描写“瞬间”的基本方法。

（五）教学思路和流程

环节一：导入——明确教学任务

【设计意图】开门见山，针对学生预习作业的具体问题，明确提出本堂课的两个核心学习任务——“写什么”与“怎么写”，使学生的注意力迅速聚焦。

环节二：明确素材特征

（1）什么是“触动心灵的瞬间”？这样的瞬间有什么特点？（出示PPT：触动心灵的瞬间的图片。）

①新生命呱呱坠地。（先播放一段胎动的音频，请学生猜这是什么声音。）

②慈悲伴你走过最后一程。（僧人为车站去世的老人超度。）

③爸爸，下雨我不怕！（父亲为孩子打伞，自己淋湿全身。）

④今生相守，是最好的安排！（婚礼上，新郎激动流泪。）

⑤你们的背后由我守护！（最美逆行——消防员。）

……

学生欣赏图片，互动交流，思考作答。

明确：

家长里短
学校生活
社会万象
自然风光 } 瞬间 { 真情感
深意味
美意境

（2）小结：触动心灵的瞬间，就是引起感动和触发思考的瞬间。

（3）快速阅读川端康成《花未眠》（节选），思考：如何发掘“触动心灵的瞬间”？（出示PPT：川端康成《花未眠》节选。）

川端康成《花未眠》（节选）

我常常不可思议地思考一些微不足道的问题。昨日一来到热海的旅馆，旅馆的人拿来了与壁龛里的花不同的海棠花。我太劳顿，早早就入睡了。凌晨四点醒来，发现海棠花未眠。

……

毋宁说，感受美的能力，发展到一定程度是比较容易的。光凭头脑想象是困难的。美是邂逅所得，是亲近所得。这是需要反复陶冶的。比如惟一一件的古美术作品，成了美的启迪，成了美的开光，这种情况确是很多。所以说，一朵花也是好的。

学生阅读文章，互动交流，思考作答。

（4）小结：发掘触动心灵的瞬间的方法——以敏锐的内心主动亲近生活，对看似普通的瞬间进行联想升华，发掘“触动点”。

【设计意图】首先用大量的多媒体素材为学生带来视觉冲击，然后要求学生经过思考，梳理出“触动心灵的瞬间”应该具备的特征，最后引用川端康成的《花未眠》（节选）引导学生归纳出发掘“触动心灵的瞬间”的方法。

环节三：学习写作技巧

任务（一）：分析错例，发现问题所在。

（1）阅读下面这两组习作，找出存在的主要问题。（出示PPT：学生习作错例一、二。）

学生错例一：

听说婆婆来了，我很高兴：终于可以在军训之前大饱口福啦！

可爸爸突然说：“儿子，婆婆才从农村来，没有用过燃气灶，你得教她。”这么说来，还得我手把手地教她？更重要的是：她做不出可口的饭菜了！

第二天上午，爸妈都出去上班了，剩我和婆婆俩人。眼看时间一分一秒过去，到了吃饭的时间，婆婆说：“孙子你过来一下，这厨房里都是啥玩意儿？我咋没见过呐！”“又咋了？”我吼道。“我……我不知道怎么用电饭煲……”婆婆小声地说。最后，好不容易饭煮熟了，菜却炒煳了……我的忍耐到了极限，随便端了碗饭，气冲冲地走了。

之后，我便去了学校军训。

军训结束回到家里，看着桌上的回锅肉、蛋花汤，我便大快朵颐起来。我问：“妈，这菜是你做的还是爸爸做的？”婆婆抢着说：“孙子，这菜是我做的。”我不敢相信我的嘴！这……这不可能吧！妈说：“婆婆这几天专心学做菜，就是为了这顿饭！”我有些感动，我心里讨厌婆婆，瞧不起她，她却想一心一意把菜做好等我回来吃，我感到深深地自责。

学生阅读错例，思考作答。

学生错例二：

①看见爸爸脸上的笑容，我的心里也很高兴，这一瞬间，我感觉周围的景物特别美好。

②转身离别的瞬间，你和回忆都刻进了我的心里。回忆固然美好，脚步终究要

前行。

学生阅读错例，思考作答。

（2）小结：瞬间是“瞬间”，不是流水账，不能面面俱到，毫无重点；瞬间不是“瞬间”，不能只有寥寥数语，一笔带过，应有适当描写。

任务（二）：鉴赏范例，寻求解决之法。

（1）观看《灌篮高手》视频，思考：如何写好“瞬间”？

学生观看视频，互动交流，思考作答。

（2）小结：写好瞬间，可以对瞬间展开细节描写，也可以由瞬间展开想象联想。

【设计意图】该环节的设计，以学生习作和动漫视频为教学素材，引导学生分析错例，鉴赏范例，从而得出“写作瞬间”的具体方法。

环节四：课堂练笔，升格训练

（1）以“离别的瞬间”为题，写一个片段，要求用上细节描写或想象联想的方法。

学生按要求独立写作，完成后进行展示。（师生共同点评）

（2）展示名家作品，学生鉴赏学习。（出示PPT：朱自清《背影》、龙应台《目送》。）

名家作品一：

朱自清《背影》（节选）

我看见他戴着黑布小帽，穿着黑布大马褂，深青布棉袍，蹒跚地走到铁道边，慢慢探身下去，尚不大难。可是他穿过铁道，要爬上那边月台，就不容易了。他用两手攀着上面，两脚再向上缩；他肥胖的身子向左微倾，显出努力的样子。这时我看见他的背影，我的泪很快地流下来了。我赶紧拭干了泪，怕他看见，也怕别人看见。

名家作品二：

龙应台《目送》（节选）

火葬场的炉门前，棺木是一只巨大而沉重的抽屉，缓缓往前滑行。没有想到可以站得那么近，距离炉门也不过五米。雨丝被风吹斜，飘进长廊内。我掠开雨湿了前额的头发，深深、深深地凝望，希望记得这最后一次的目送。

我慢慢地、慢慢地了解到，所谓父女母子一场，只不过意味着，你和他的缘分就是今生今世不断地在目送他的背影渐行渐远。你站立在小路的这一端，看着他逐渐消失在小路转弯的地方，而且，他用背影默默告诉你：不必追。

（3）总结：用我们的心发掘生活中触动人心的细节；用我们的笔记录生活中触动人心的细节。写好触动心灵的瞬间就是让我们始终以敏感的内心和智慧的眼光，去品味生活中的至真、至善、至美！

【设计意图】通过课堂片段写作和对名家作品的品评，讲练结合，落实对写作技巧的训练。

（六）布置作业

运用细节描写或联想想象的方法，修改课前习作《触动心灵的瞬间》。

（七）板书设计

写什么 { 情思；理趣 }

怎么写 { 细节描写：正侧结合；联想想象：情感回忆、理性哲思 }

七、教学评价

（1）过程性评价：根据学生课堂上对“触动心灵的人和事”的理解程度，适时评价学生预习作业完成情况；对课堂中，学生参与“辨析错例和范例，探寻写作技巧”的问题思考、小组交流、发言的积极性和质量适时做出鼓励性、引导性为主的评价；对课堂中，学生现场生成的个性化理解给予充分尊重和恰当评价。

（2）结果性评价：根据学生课堂学习状态和效果的自我感受与学生反馈，反思教学设计以及教学实施中的缺漏和不足，及时改正和调整；认真评阅学生课后修改的《触动心灵的瞬间》，选出优秀作品在班级内分享交流；对未能掌握写作“瞬间”技巧的同学进行单独指导。

八、课程资源

（1） 教学文本：表达交流《心音共鸣 写触动心灵的人和事》。

（2）链接材料：学生习作（节选）、川端康成《花未眠》（节选）、朱自清《背影》（节选）、龙应台《目送》（节选）。

《“心音共鸣”：写好触动心灵的瞬间》——记叙文写作指导

笔记

三角函数诱导公式

国赛中学数学组一等奖　夏　雪

一、教学内容与教学重点

“三角函数的诱导公式”是普通高中课程标准实验教科书人教A版必修四第一章第三节，其主要内容是三角函数的诱导公式中的公式二至公式六，是三角函数的主要性质。学生在前面已经学习了诱导公式一和任意角的三角函数的定义，在此基础上，这节课继续学习公式二至公式四。三角函数的诱导公式是圆的对称性的“代数表示”，利用对称性，让学生自主发现终边分别关于原点或坐标轴对称的角的三角函数值之间的关系，使得“数”与“形”得到紧密结合，成为一个整体。通过简单问题的提出、诱导公式的发现、问题的解决，体会由未知到已知的转化，为以后的三角函数求值、化简、简单证明以及后续学习三角函数图象和性质等知识打好基础。

本节内容的学习，意在提高学生对数学知识之间（圆的对称性与三角函数性质）联系的认识，把过去渗透在具体数学内容中的重要的方法以集中的、显性的形式呈现出来，使学生更加明确这些方法，并能在今后的学习中有意识地使用它们。由此，确定本节教学重点如下：

诱导公式的探究，运用诱导公式进行简单函数式的求值与化简。

二、教学问题诊断分析

（一）学情分析

学生已经学完了任意角三角函数的内容，具备了一定知识经验储备。另外，学生具有一定的探究活动经验，但是主动探究、数形结合的能力有待加强。虽然在初中阶段已经接触了圆的对称性，但对如何由三角函数值的关系联想到圆的对称性，进而运用三角函数的定义解决问题，都会存在一定的困难，尤其是对角 α 与 $(\pi-\alpha)$ 终边关系的深入理解，需要经过思考、交流或教师的引导才能完成。

这节课容易定位于公式的学习，学生单纯分析和总结各组公式的形式规律，背诵“函数名不变，符号看象限”等口诀。运用公式固然重要，但教给学生知识的产生、生成过程更为重要。

（二）教学难点

基于以上分析，本课的教学难点设定为：

发现圆的对称性与任意角终边的坐标之间的联系，诱导公式的合理运用。

针对这样的教学难点，教学中采用如下的策略进行突破：

（1）采用问题“脚手架”式的层层递进，引导学生自主推导诱导公式，让学生体验证明猜想的乐趣，凸显学生学习的主体地位。

（2）借助几何画板探究角α的任意性。

三、教学目标设置

诱导公式可以帮助我们把任意角的三角函数化为$[0,\frac{\pi}{2})$三角函数，随着科技的日新月异，计算器可以方便地实现这一功能，这并不是本节课的主要目的。基于诱导公式的教学价值和对学生学习能力培养的要求，本节的教学目标制定如下：

（1）借助单位圆的对称性，利用定义推导出三角函数诱导公式。

（2）积累三角函数诱导公式研究的基本活动经验，为进一步研究三角函数的性质和三角变换奠定基础。

（3）通过三角函数诱导公式的推导，体会数形结合及化归思想，培育数学抽象、逻辑推理的核心素养。

四、教学支持条件分析

（一）教学思想

1. 学生发展为本，立德树人

以学生发展为本，落实立德树人根本任务，培育科学精神和创新意识，提升数学学科核心素养。基于学生已有的基础设计教学，面向全体学生，促进不同学生根据圆的对称性，从各自的认知水平理解公式、初步运用公式。

2. 把握数学本质，启发思考

通过创设合适的教学情境，启发学生思考，引导学生把握数学内容的本质。以三角函数诱导公式的提出、发现和证明为载体，引导学生应用独立思考、自主学习、合作交流等多种方式进行学习，激发学生探究三角函数的兴趣，促进学生活动经验的积累和创新意识的发展。

3. 重视过程评价，聚焦素养

高中数学学习评价关注学生知识技能的掌握，更关注数学学科核心素养的形成和发展。通过三角函数的诱导公式的探究，评价学生的学习活动过程和学业水平层次，培育学生的数学抽象、逻辑推理等数学核心素养。

（二）教学策略与教法、学法

本课将采用“问题驱动”式教学基本模式，在情境中发现问题，在探究中提出问题，在独立思考与合作交流中解决问题， 在解决问题之后再提出新的问题，以问题带动学习。

教师的教法则注重活动的安排和问题的引导，通过问题引导学生观察、分析、类比、归纳演绎。相应地，学生的学法则注重独立探究、合作交流。

教具：多媒体（投影仪）、PPT课件、翻页笔、几何画板。

学具：教材、草稿本、直尺、铅笔、画图和圆规。

五、教学过程设计

（一）问题提出

问题1：

（1）各象限内三角函数值的符号是什么？（只讨论正弦、余弦、正切）

（2）任意角的三角函数的定义是什么？

（3）公式一的内容与作用是什么？

问题2：

已知$\sin 30° = \dfrac{1}{2}$，如何求$\sin 210°$，$\sin 330°$，$\sin 150°$的值。

【设计意图】通过复习旧知，为新知识的学习打下基础。特别是各象限三角函数的符号，对于诱导公式记忆起关键作用.提出的新问题，引导学生进一步思考，激起学生们的兴趣。

（二）问题探究

探究一：任意角α与（$\pi+\alpha$）三角函数值的关系。

问题3：

① α 与 $(\pi+\alpha)$角的终边关系如何？（互为反向延长线或关于原点对称）

② 设α 与$(\pi+\alpha)$角的终边分别交单位圆于点P_1、P_2，则点P_1与P_2位置关系如何？（关于原点对称）

③ 设点$P_1(x, y)$，那么点P_2的坐标怎样表示？（$P_2(-x,-y)$）

④ $\sin\alpha$ 与 $\sin(\pi+\alpha)$，$\cos\alpha$ 与 $\cos(\pi+\alpha)$，$\tan\alpha$ 与 $\tan(\pi+\alpha)$ 的关系如何？

经过探索，归纳成公式：

$$\left.\begin{aligned}&\sin(\pi+\alpha)=-\sin\alpha,\\&\cos(\pi+\alpha)=-\cos\alpha,\\&\tan(\pi+\alpha)=\tan\alpha\ (\alpha\neq k\pi+\frac{\pi}{2},\ k\in\mathbf{Z}).\end{aligned}\right\}\text{公式二}$$

$$\sin 210^\circ=\sin(30^\circ+180^\circ)=-\sin 30^\circ=-\frac{1}{2}.$$

【设计意图】公式二的三个式子中，$\sin(\pi+\alpha)-\sin\alpha$ 是第一个解决的问题，由于方法及思路都是未知的，所以采取教师引导、师生合作共同完成的办法。通过脚手架式的层层提问，引导学生自主推导诱导公式二，让学生体验证明猜想的乐趣，凸显学生学习的主体地位。同时，试图通过环环相扣的问题给学生传递“由宏观到微观考虑问题”的思维习惯，从而达到“授人以渔”的目的。后两个问题均由学生类比讨论完成。

问题4：

公式中的角 α 仅是锐角吗？

【设计意图】课前提问的问题是以30°引入的，之后的讨论只是用代数方法换成了一般形式的角 α，有些同学肯定会有这样的疑问，所以这个问题的解决，就是突破难点的关键。引导学生互相讨论，交流可以使学生记忆更深刻。

演示几何画板课件，首先作出第一象限的任意角，之后得到相应的三角函数值，拖动其终边上任意点，观察每一象限内三角函数值的符号和它们之间存在的对称关系。

【设计意图】通过多媒体演示，发现变化规律，从而总结出三角函数的诱导公式。

类比第一个问题的解决方法，我们再来解决后面的两个问题。观察330°=360°-30°，由公式一知330°的终边与-30°的终边相同，所以我们必须知道一个任意角α与$(-\alpha)$三角函数值的关系。

探究二：任意角α与$(-\alpha)$三角函数值的关系。

问题5：

① α与$(-\alpha)$角的终边位置关系如何？（关于x轴对称）

② 设α与$(-\alpha)$角的终边分别交单位圆于点P_1、P_2，点P_1与P_2位置关系如何？（关于x轴对称）

③ 设点$P_1(x,y)$，则点P_2的坐标怎样表示？（$P_2(x,-y)$）

④ $\sin\alpha$与$\sin(-\alpha)$，$\cos\alpha$与$\cos(-\alpha)$，$\tan\alpha$与$\tan(-\alpha)$关系如何？

经过探索，归纳成公式：

$$\left.\begin{aligned}&\sin(-\alpha)=-\sin\alpha,\\&\cos(-\alpha)=\cos\alpha,\\&\tan(-\alpha)=-\tan\alpha\ (\alpha\neq k\pi+\frac{\pi}{2},\ k\in\mathbf{Z}).\end{aligned}\right\}\text{公式三}$$

$$\sin330°=\sin(360°-30°)=\sin(-30°)=-\sin30°=-\frac{1}{2}.$$

【设计意图】通过学生自主探究与合作交流，完成由角的终边点的对称性得到公式的过程，充分调动学生学习的积极性和激发学生的参与、探究和体验的欲望，让他们既动脑又动手。让学生参与教学活动，体验数与形的关系，自主探究的乐趣。

探究三：α与$(\pi-\alpha)$的三角函数值的关系。

经过多途径探索，归纳成公式：

$$\left.\begin{aligned}&\sin(\pi-\alpha)=\sin\alpha,\\&\cos(\pi-\alpha)=-\cos\alpha,\\&\tan(\pi-\alpha)=-\tan\alpha(\alpha\neq k\pi+\frac{\pi}{2},\ k\in\mathbf{Z}).\end{aligned}\right\}\text{公式四}$$

$$\sin150°=\sin(180°-30°)=\sin30°=\frac{1}{2}.$$

【设计意图】与探究二的教法相同，学生分组讨论，尝试推导公式，教师巡视，及时反馈、矫正、讲评。采用合作学习的方法有助于观察的多种方式的呈现，通过学生多角度观察所得到结论的交流，让学生感受数学美和发现规律（公式）的喜悦，激发学生去寻找规律、认识规律的兴趣。同时让学生感受到只要做个有心人，发现规律并非难事。

（三）反思归纳

三角函数的诱导公式

公式一：$\sin(\alpha+2k\pi)=\sin\alpha,\cos(\alpha+2k\pi)=\cos\alpha,\tan(\alpha+2k\pi)=\tan\alpha(k\in\mathbf{Z})$.

公式二：$\sin(-\alpha)=-\sin\alpha,\cos(-\alpha)=\cos\alpha,\tan(-\alpha)=-\tan\alpha.$

公式三：$\sin(\pi-\alpha)=\sin\alpha,\cos(\pi-\alpha)=-\cos\alpha,\tan(\pi-\alpha)=-\tan\alpha$.

公式四：$\sin(\pi+\alpha)=-\sin\alpha,\cos(\pi+\alpha)=-\cos\alpha,\tan(\pi+\alpha)=\tan\alpha.$

说明：公式中的 α 指使公式两边有意义的任意一个角。

问题6：

如何记忆这四个公式呢？

为了让学生更好地记忆公式，通过幻灯片展示，猜想验证，如果把角 α 看成锐角，$\alpha+2k\pi$，$\pi-\alpha$，$\pi+\alpha$，$-\alpha$ 分别位于第一、二、三、四象限。

总结概括公式一、二、三、四：

$2k\pi\pm\alpha(k\in\mathbf{Z})$，$\pi\pm\alpha$，$-\alpha$ 的三角函数值，等于 α 的同名函数值，前面加上一个把 α 看成锐角时原函数值的符号。公式特点："函数名不变，符号看象限"。

【设计意图】逐步理解十字口诀含义，并且训练学生的概括能力。

（四）运用检测

例1 求下列三角函数值：

①$\cos225°$；②$\sin\dfrac{11\pi}{3}$；③$\sin(-\dfrac{16\pi}{3})$；④$\cos(-2040°)$。

分析：先将不是 $0\sim2\pi$ 范围内角的三角函数，转化为 $0\sim2\pi$ 范围内的角的三角函数（利用诱导公式一），或先将负角转化为正角，然后再用诱导公式转化到 $0\sim\dfrac{\pi}{2}$ 范围内角的三角函数的值。

解：

① $\cos 225° = \cos(180° + 45°) = -\cos 45° = -\frac{\sqrt{2}}{2}$.

② $\sin\frac{11\pi}{3} = \sin(4\pi - \frac{\pi}{3}) = -\sin\frac{\pi}{3} = -\frac{\sqrt{3}}{2}$.

③ $\sin(-\frac{16\pi}{3}) = -\sin\frac{16\pi}{3} = -\sin(5\pi + \frac{\pi}{3}) = -(-\sin\frac{\pi}{3}) = \frac{\sqrt{3}}{2}$.

④ $\cos(-2040°) = \cos 2040° = \cos(6\times 360° - 120°)$

$$= \cos 120° = \cos(180° - 60°) = -\cos 60° = -\frac{1}{2}.$$

【设计意图】在得到诱导公式后，在此让学生独立去实践解决问题，一般情况下，第①、②题都能很快解决，只是到了第③、④题时，条件变化稍复杂一些，学生们就会出现思维障碍，需及时引导他们去进行角的转化，在实践中体会诱导公式在解题过程中的应用，使任意一个角都转化为学生们熟知的锐角，体会从未知到已知的化归思想，从而为总结出解题的一般步骤埋下伏笔。变式是为了让学生进一步理解公式中角的任意性而设立的。

问题7：

用诱导公式可将任意角的三角函数化为$[0,\frac{\pi}{2})$的三角函数，其一般步骤是什么？

（学生大胆说，互相讨论）

（1）化负角的三角函数为正角的三角函数；

（2）化大于2π的正角的三角函数为$0\sim 2\pi$的三角函数；

（3）化$0\sim 2\pi$内的三角函数为$[0,\frac{\pi}{2})$的三角函数。

【设计意图】做完题之后的反思总结，完成知识的自我内化。

例2 比一比：以小组为单位，每个小组用诱导公式一～四编制一道题并提供正确答案，其余小组抢答！答对得10分，答错扣10分，胜出的小组将获得奖励！

【设计意图】引导学生参与题目的创制，有利于学生认清知识的本质，调动学生的积极性，增强学习兴趣，培养创新意识。

（五）总结回顾

【设计意图】通过思维导图的形式，展示知识的产生过程.引导学生概括归纳已有知识，发现知识规律及其结构特征，形成知识系统；深化对诱导公式内涵和实质的理解，挖掘知识形成过程中所体现的归纳和转化的思想方法，形成知识网络和方法网络，培养学生的抽象概括能力。

（六）布置作业

1. 复习巩固

课本第27页练习2。

2. 综合应用

课本第27页练习3。

3. 拓广探索

角α和角β的终边还有哪些特殊的位置关系？你能探究出它们的三角函数值之间的关系吗？

【设计意图】根据教学内容并结合学生实际情况，分三个层次布置作业，融合新课标学业质量水平评价理念，体现对学生不同水平层次的检测评价。

六、教学评价

本节课是曾经上过的一次公开课，设计过程较为漫长。在一线教学中，该课很容易上成公式的记忆与题型的反复练习课。实践证明，最后的结果是学生短期内可以应用公式机械性地解决问题，但是遗忘概率高，对于公式一知半解，难以灵活应用。

三角函数的诱导公式是圆的对称性的“代数表示”，整节课以三角函数的定义为依据，以单位圆为工具，通过对单位圆上对称点坐标的关系探究而发现公式，较好地体现了变换（旋转、对称）的思想方法。

本节课的设计思路从“角的关系”到“对称关系”，再到“坐标关系”，最后自然到“诱导公式”。

本节课采用问题探究教学法，探究活动更多地属于“教师引导下的学生生动探究”，其中公式二的探索成功，为随后的两个公式探索做了“榜样”，总体上探究活动开展得较好. 不过这种设计导致练习时间较少，后续需要增加公式熟练后的练习。

三角函数的
诱导公式

笔记

直线与平面平行的判定

国赛中学数学组备赛作品　夏　雪

一、教学内容与教学重点

“直线与平面平行的判定及其性质”是“直线、平面平行的判定及其性质”第1课时，线面平行作为一种特殊的位置关系，是反映自然规律的一种基本的数学模型。课标要求以培养学生的逻辑思维能力和空间想象能力为主要目标，加强引导学生通过自己的观察、操作等活动获得数学结论的过程，把合情推理作为学习过程中的一个重要的推理方式。教材根据“认识空间图形，培养和发展学生的几何直觉、运用图形语言进行交流的能力、空间想象能力与一定的推理论证能力”，有意安排一个“观察”栏目，目的就是给学生直观感知，后面又给出“思考”“探究”等栏目，以问题引导学生的思维活动。

本节内容为空间点、线、面位置关系的学习起到了承上启下的作用，既是对点线面位置直观感知的理性升华，又为后续内容面面位置关系的判定和性质做了知识和方法上的铺垫。教材先指出用定义证明线面平行的不便，再以生活实例让学生感知确认线面平行判定定理的正确性，进而通过例题让学生体会如何利用判定定理证明线面平行。教材的分析贯彻着“直观感知—操作确认—归纳演绎”的讲解脉络。

根据内容特点和教学要求，确定本节课的教学重点如下：

直线与平面平行的判定定理的理解与简单应用。

二、教学问题诊断分析

（一）学情分析

高二上学期，学生逐步建立了一定的空间感，对空间线面位置关系有直观的认知，并已具备了一定的逻辑推理能力。

但由于刚刚接触立体几何不久，学习经验有限，学习立体几何所应具备的语言表达能力及空间想象能力相对不足，从生活实例中抽象概括出问题的数学本质的能力相对欠缺，从具体情境发现并归纳出直线与平面平行的判定定理以及对定理的理解是学生可能遇到的困难之处。

如何从直线与平面平行的直观形象中提炼出直线与平面平行的判定定理，让学生认识到线面平行是由线线平行来刻画的，逐步形成概念体系，体会其中的转化思想，这对于学生来讲还比较困难。因此，在设计教学时，首先让学生观察周围环境，直观感知直线与平面平行的具体形象，然后将其抽象为几何图形，再用数学语言对几何图形进行精确的描述。在教学过程中，通过探究活动，精心设置问题，引导学生通过动手操作、观察提炼、探究说理体会线面平行的关键因素。

（二）教学难点

根据学情分析和学生的思维特点，确定教学难点为：探究、归纳直线与平面平行的判定定理。

针对这样的教学难点，采用如下的突破策略：

（1）用大量实例让学生体会线面平行的判定广泛存在于实际生活中，激发学生强烈的认知冲突和浓厚的学习兴趣，自然地引入线面平行的判定。

（2）采用“问题式”的引导，让学生在“直观感知”“动手操作”“观察提炼”“探究说理”中培养空间想象能力和逻辑思维能力。

（3）以教材习题为依托的变式练习的设置强化判定定理的应用。

三、教学目标设置

根据本节教学内容及要求，基于学生的学习特点和思维基础，制定本节的教学目标如下：

（1）探索直线与平面平行的判定定理，能初步运用定理证明线面平行关系。

（2）经历直线与平面平行的判定定理的发现过程，初步形成研究判定定理的一般方法。

（3）渗透化归与转化的数学思想，培养学生观察、探究、发现的能力，以及直观想象、逻辑推理核心素养。

四、教学支持条件分析

（一）教学思想

1. 学生发展为本，立德树人

以学生发展为本，落实立德树人根本任务，培育学生科学精神和创新意识，提升其数学学科核心素养；面向全体学生，根据直线与平面平行判定的内容特点和学习实际，立足于立体几何学习路径、判定定理研究基本思路的基本理解，促进不同学生获得各自相应的发展。

2. 把握数学本质，启发思考

通过创设合适的教学情境，启发学生思考，引导学生把握所学内容的本质。采用多种教与学的方式，帮助学生感受立体几何的基本研究方法，形成判定定理的研究范式，激发学生学习兴趣，使其养成良好的学习习惯，积累数学活动经验，促进其创新意识的发展。

3. 重视过程评价，聚焦素养

我们既关注学习结果，更重视学习过程。采用多种评价方式激励学生学习，通过对概念形成、数学探究过程等学习活动的评价，聚焦数学思想方法和核心素养，对学生的学业质量水平进行判断，提高学生学习兴趣，帮助学生认识自我、增强自信。本节课主要培养学生的空间想象能力与逻辑推理能力，评价时应在全过程中予以关注。

（三）教学策略与教法、学法

本节课的教学设计力求体现“问题性”“科学性”与“思想性”，以多媒体为辅助手段，采用教师为主导、学生为主体的启发式与探究式相结合的方法，使学生更深刻地认识解决立体几何问题的基本思路——直观感知、操作确认、推理论证（因为课标不要求证明判定定理，本节课体现为探究说理），体会立体几何中判定定理的基本研究范式，形成解决一类问题的基本活动经验。

新课程倡导学生自主学习，要求教师成为学生学习的引导者、组织者、合作者和促进者，使教学过程成为师生交流、积极互动、共同发展的过程。

直观教学法：让学生通过直观观察感知直线与平面的位置关系；通过移动直线

与平面感知直线与平面位置关系的变化。

探究式教学法：以问题为驱动促使学生动手操作，通过观察、类比、思考、探讨得到直线与平面平行的判定方法。

多媒体辅助教学法：用多媒体幻灯片展示直线与平面位置关系的变化，让学生能更直观感地知直线与平面平行的判定方法.

教具：多媒体（投影仪）、PPT课件、翻页笔、几何画板。

学具：教材、草稿本、直尺、铅笔。

五、教学过程设计

（一）情境引入

问题：空间中直线与平面有哪些位置关系？

直线在平面内——有无数公共点。

直线与平面相交——有且仅有一个公共点。

直线和平面平行——没有公共点。

【设计意图】 通过观察大量具体的实例，引导学生回顾直线与平面的位置关系，指出线面平行关系判定的重要性。

（二）归纳定理

直线和平面平行的定义：直线和平面没有公共点。

问题1：如何验证直线和平面没有公共点呢？

【设计意图】 引导学生意识到用定义直接判定线面平行不具有可操作性。

问题2：门开关过程中，观察门框的边缘所在的直线与门所在平面的关系是怎样的？

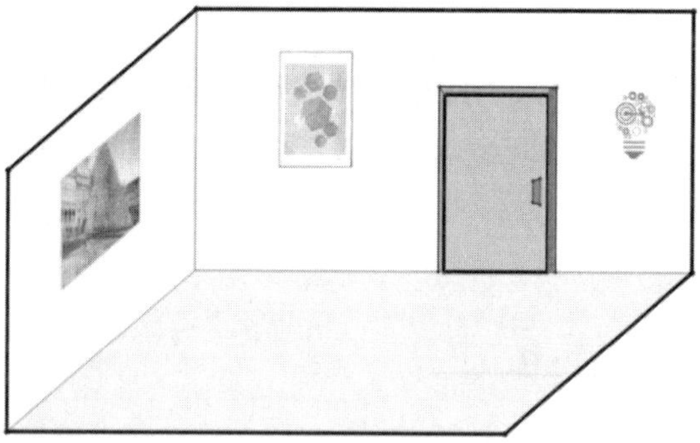

【设计意图】利用生活直觉感知直线和平面平行的关系。

问题3：请同学们翻折手中的长方形纸片$ABCD$，探索在怎样的情况下线面平行。

【设计意图】学生动手操作确认，从多种角度进行探究，利用生活直觉挖掘出易于操作的转化判定来替代难以操作的定义判定，渗透着立体几何的降维思想。

问题4：（1）直线a、b可以确定一个平面吗？

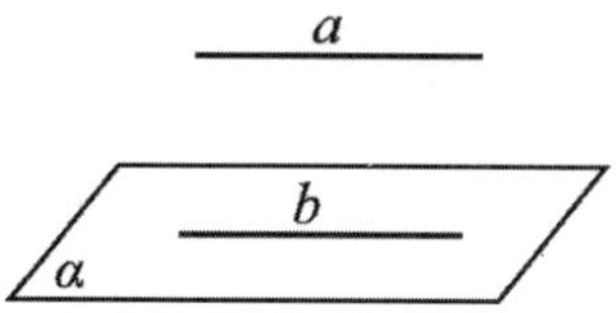

（2）直线a与平面α相交吗？

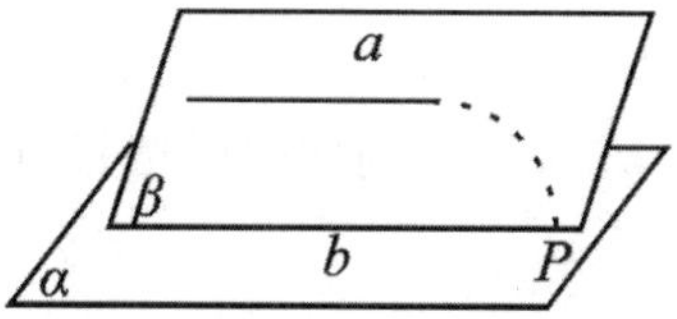

【设计意图】定理的发现采用“直观感知—操作确认—探究说理”的过程，让学生清楚地看到线面平行的关键因素是什么，让学生在自主探究和合作中，通过问题的引导，思维逐步深入.教材并没有要求证明判定定理，但考虑到欧式几何的公理化体系、数学的严密性，这里采用说理的形式。

问题5：你能从前面的探究过程中得到判断直线与平面平行的方法吗？

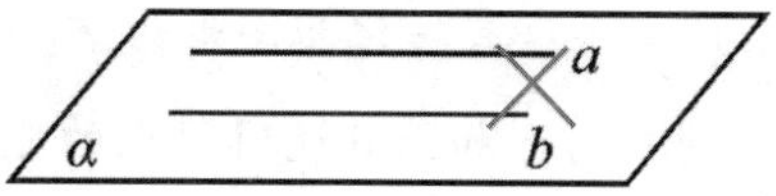

【设计意图】由前面的直观感知、操作确认、探究说理，学生容易发现寻找线线的关系，但是容易忽略对直线位置的要求。预设问题，强化认知。

线面平行的判定定理如下。

文字语言：平面外一条直线与此平面被一条直线平行，则该直线与此平面平行。

符号语言：$\left.\begin{array}{l} a \not\subset \alpha \\ b \subset \alpha \\ a \parallel b \end{array}\right\} \Rightarrow a \parallel \alpha$

图形语言：

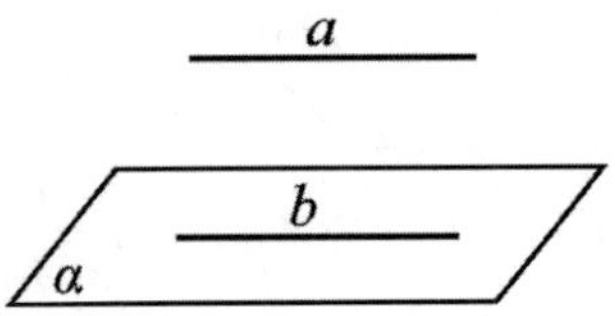

注：①内外两线平行，则线面平行；

②线线平行⟹线面平行（空间问题平面化）；

③关键是在平面内找a的平行线。

证明线面平行转化为证明线线平行。

该判定将空间问题转化为平面问题，渗透着降维的思想

【设计意图】 让学生深刻理解定理（三种语言加以理解），体会判定定理的基本研究范式。

（三）巩固应用

例1（课本第55页例1）求证：空间四边形相邻两边中点的连线平行于经过另外两边所在的平面。

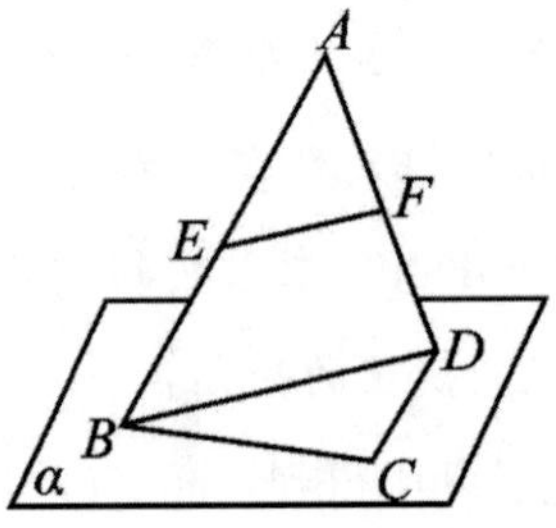

【设计意图】 引导学生将文字语言转化为图形语言和符号语言，规范学生利用判定定理证明线面平行关系的书写，加强其逻辑推理的能力，体会中位线在构造线线平行中的作用。帮助学生建立逻辑严谨的立体几何证明思路，明晰判定定理成立的三个前提条件。

例2 在长方体 $ABCD-A_1B_1C_1D_1$ 中，设 E、F 分别是 A_1B 和 B_1C 的中点，求证：直线 $EF//$ 平面 $ABCD$。

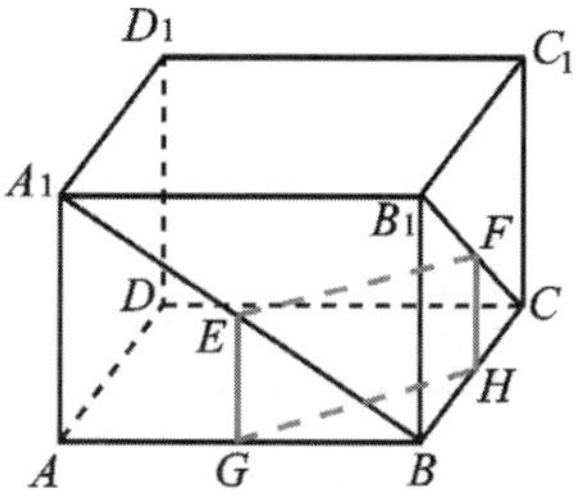

【设计意图】 让学生在长方体模型中体会用平行四边形构造线线平行的过程。并再次强化中位线的应用. 例2是对例1的拓展延伸。

练2　例2的类比联想.

$$\frac{A_1E}{A_1B}=\frac{B_1F}{B_1C}=\lambda\,(0<\lambda<1)\Rightarrow EF\,?\,//\text{平面}ABCD.$$

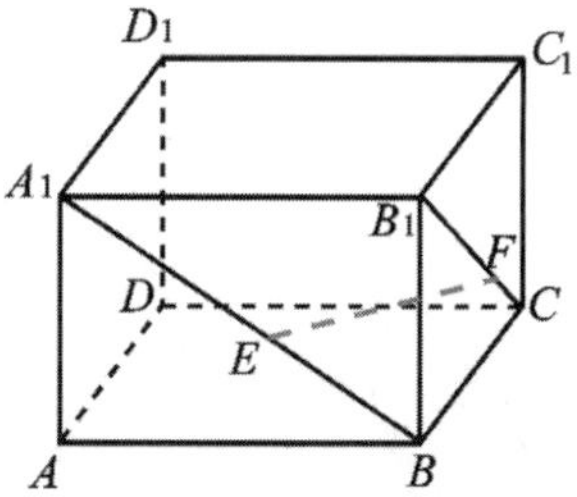

【设计意图】 通过改变例2的条件，让学生体会该题中线面平行在运动变化过程中的不变性，并进一步理解构造平行四边形在该题证明中的通用性。让学生在更复杂的几何模型中体会判定定理的作用，加强变式训练，触发学生的思考，调动学生的积极性.过程中肯定学生的想法，尊重主体参与。

例3 （课本第62页A组第4题）如图，a、b 是异面直线，画出平面 α，使 $a\subset\alpha$，且 $b//a$。

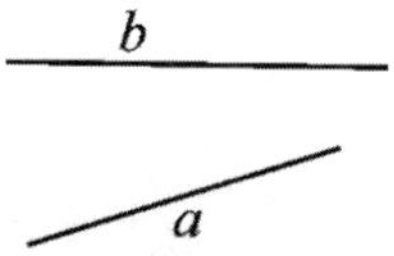

【设计意图】 让学生体会利用判定定理由异面直线构造线面平行的过程，进一步加深学生对异面直线的理解。

练 3 正方体 AC_1 中，E、F 分别为 AB、CC_1 的中点，求作平面 α，使得

$BD_1 \subset \alpha$， $EF // \alpha$。

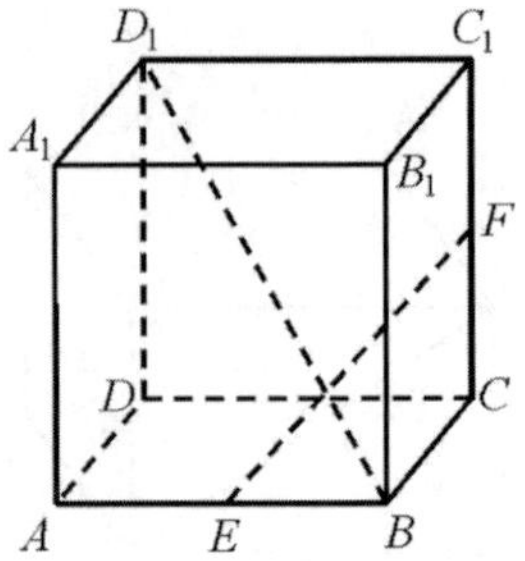

【设计意图】让学生在正方体这一具体模型中经历例3所应用的策略，并体会空间延拓对构造线线平行的价值。培养学生线面结构的逆向生成能力，使其进一步体会异面直线的图形表示，理解线线关系与线面关系的内在联系。

（四）回顾反思

回顾本节课的主要内容，强调线面平行判定定理的体与用。

【设计意图】点题结课，强化立体几何问题的解决路径，深化学生对判定定理研究范式的认识。

（五）作业布置

1. 复习巩固

课本第55页练习1。

2. 综合应用

课本第56页练习2。

3. 拓广探索

你能否借助信息网络，以《生活中的平行》为题写一篇数学小论文。

【设计意图】根据教学内容并结合学生实际情况，分三个层次布置作业，融合新课标学业质量水平评价理念，体现对学生不同水平层次的检测评价。

六、教学评价

整个课堂教学任务安排合理，通过“画”“折”“想”等操作，充分激发学生的思维活动.让学生在运动中观察、比较，发现变化中的不变性，归纳、猜想出线面平行的判定定理，符合认识的一般规律。注重了教材灵活科学处理，源于教材又不拘泥于教材，展现了教学的艺术性。

教学中以知识为载体，放手让学生自主学习研究，重视留有时间和空间，充分地体现了课堂教学中“以学生为主体，以教师为主导”的课堂教学理念，取得了理想的效果。通过直观感知、探究说理、操作确认的认识方法，让学生通过观察分析、自主探究，在教师的引导下，进行适当合情推理而归纳出判定定理。

本课的不足之处在于如何有效提高学生的空间想象能力。尤其是立体几何教学课，更需要多借助实物教具与模型。

直线与平面平行的判定

笔记

Love You Forever

——基于思维品质培养的课外材料阅读课

国赛中学英语组备赛作品　江雪珲

一、教学思想

《普通高中英语课程标准（2017年版）》（教育部，2018）（以下简称《课标2017》）指出：广泛阅读可以让学生体验更丰富的语篇文体，如对话、小说、传记、新闻报道和报刊文章等，使他们逐步养成良好的阅读习惯，通过阅读发展阅读能力，学习语言和人文、科学知识，拓展思维，提高审美、鉴赏和评价的能力。英语课外阅读是课内阅读的补充和延伸，为学生提供大量的语言输入或可理解性输入，一定程度上帮助学生有意识“习得”语言，培养学生语言能力。

《课标2017》还指出：思维品质培养是英语学科核心素养之的重要因素。思维品质是思维在逻辑性、批判性、创造性等方面所表现的能力和水平。阅读教学是培养学生思维品质的重要途径。然而，目前高中英语阅读教学呈现PWP流程化，大多数英语阅读教学脱离文本主题语境的主线牵引，课堂活动停留在对阅读材料的浅层信息查找，梳理语言碎片化，对于语篇的逻辑语义理解缺失或不到位。换句话说，对思维的概念、分类、技巧、基本过程、层次及途径缺乏准确或深刻认识，难以设计出有关联、有逻辑、有层级的问题和活动。

基于课标对培养高中学生思维品质和课外阅读的要求，本课时采用词汇丰富、语言纯正、人物形象鲜明、主题深刻的一部由加拿大绘本作家Robert Munsch创作的经典绘本*Love You Forever*作为课堂活动教学内容，目的在于引导学生三读故事，先后从儿子和母亲的角度梳理、分析明线和暗线，挖掘关于“亲情”的主题含义，培养学生对文本内容逻辑关系的梳理和对主题批评性认识，进而培养学生的逻辑性思维和批判性思维。

关键词：高中英语；思维品质；课外阅读

二、教学内容分析

主题语境：人与自我 —— 家庭生活。

语篇类型：记叙文 。

文本分析：

【What】本故事作者Robert Munsch从一个年轻母亲抚养儿子说起，讲述令人抓狂的二岁、调皮捣蛋的九岁、叛逆的青少年期， 再到儿子长大、离家工作，母亲却一天天老去的一段感人至深的母子亲情故事。

【Why】学生通过这个故事的阅读与学习，体会一位母亲如何无怨无悔地爱着自己的儿子的动人情感。

【How】

（1）标题特点：Love You Forever，其中“You”含义丰富，可根据故事发展代指为母亲或儿子。

（2）语言特点：

①生词量较少，句式结构较简单，小句较多，基本不会对学生构成阅读障碍。

②母亲的动作和语言描写是语言的突出特点。其中，母亲的童谣词“I'll love you forever， I'll like you for always， As long as I'm living, my baby you'll be.”前后七次重复，位于儿子每一个成长阶段的文本结尾，并采用直接引语的语言方式，这种语言特征能拉近读者与文本故事发展的距离，增强亲身体验感。

③语篇特点：文章为叙事性语篇，包含成长类故事的主要因素：背景、情节、人物、语言描写和主题。故事明线为儿子成长的六个阶段，暗线则是母亲的情感变化。整个绘本故事情节发展脉络清晰、流畅，作者表达的情感深沉动人，对学生正确认识亲情有一定启示作用。

③文化知识：父母与孩子的关系在中西方家庭文化中存在一定差异，可引导学生结合自己的成长经历，进行对比或比较。

三、学情分析

1. 自然情况

本节课的授课对象为高一年级学生，因具体教学需求，为了更好地分层培养学生的语言能力，学校将英语授课分成A、B两层。本节课授课对象为A层学生，英语基础较好，已具备课标要求的七级词汇目标（2600左右的词汇量），能在课堂上积极参与小组合作学习。

2. 已有基础、可能存在问题及解决措施

已有基础		可能存在问题	解决措施
话题背景方面	考虑学生的年龄特点和住宿制校园生活特点，家长与子女的关系这个话题不算敏感，大部分学生对此有亲身经历和切身感受。	部分学生很少将“亲情”与英语语言学习相联系，很少接触这类话题的英语故事或文章。	设计读前关于“亲情”话题的感知活动，激活学生已知，形成阅读期待。
阅读策略方面	基于初中阶段和接近一年的高中英语学习，大部分学生已经掌握一些基本的阅读策略，如skimming（mapping）和scanning（locating），能在阅读过程中有意识地提取、梳理文本事实信息。	(1)大多数学生对课外阅读往往停留在获取故事情节的学习理解层面，不太会主动关注课外读本蕴含的主题意义。 (2)部分学生对于课外阅读兴趣不大，很少有意识地进行课外独立阅读。	(1)借助教师朗读、同伴朗读、分析语言特点等活动，引导学生切身体验人物情感，思考主题意义。 (2)通过课堂开展关于课外阅读材料的教学活动，引导学生合理选材、主动阅读、关注“习得”，增加可理解性输入（comprehensive input）。

四、教学目标

本课结束时，大部分学生能够做到以下几点。

（1）第一次阅读，通过skimming和scanning阅读策略，以线性方式，梳理故事发展的事实信息，完成事件排序练习，同时引导学生根据上下文对主题关键词和词汇进行推测和语义理解：rock back and forth， flush down。

（2）第二次阅读，以儿子成长阶段为标记，梳理儿子成长变化的明线信息和整理母亲情感变化的暗线信息，并分别在文中寻找佐证，完成两个表格的信息填写。

（3）第三次阅读后，同伴讨论，分析母亲情感变化的原因及标题中“Love”的双向含义，并结合作者创作背景和文本语言特点，尝试完成80字左右故事续写。

（4）结合自己对故事主题的理解和自身的成长经历，对标题中“You”进行批判性评价，发表自己的看法与观点。

五、教学重难点

根据学情分析，以上教学目标中第（1）、（2）点为教学重点，第（3）、（4）点为教学难点。

六、教学方法

问题导引、探究合作。

七、课程资源

（1）加拿大作者Robert Munsch 所著的绘本 *Love You Forever*。

（2）作者创作该绘本的背景：该绘本曾经荣获凯迪克大奖，Robert Munsch创作这个作品是为了纪念他那两个死去的婴儿。Robert N. Munsch在个人网站上介绍了这本绘本的创作初衷和过程，这确实是因为一首歌而创作的绘本，他的脑海中始终有一首歌是送给他那两个死去的婴儿，但是他却无法唱出来，每次他想唱时总是忍不住哭出来，直到有一天他去一个大学讲故事，突然萌发了灵感——可以围绕这首歌来创作一个故事，于是这本人们争相传阅、购买和送人的绘本就这样诞生了。

Robert Munsch个人网站：https：//robertmunsch.com/book/love-you-forever#

八、教学工具

阅读材料、黑板、多媒体课件。

九、教学过程

教学目标	活动设计	活动意图	层次	学生效果评价	时间
(1)导入话题、激活相关图式，预测标题含义。	教师向学生问好，并展示绘本封面和标题，同时提问： Questions (1)Who may “you” be ? (2)What kind of love can be lasting forever ?	利用学生的已有知识去联系文本语篇的未知，通过绘本封面和标题引出话题，并围绕文章主题创设情境，让学生在情境中思考问题并阐述理由，从而激活学生已有的相关图式，让学生提前对标题中“you”的理解进行思考。	感知与注意	学生通过教师提问，初步解读文本标题，预测文本内容，激发阅读兴趣，形成阅读期待。	3'

续表

教学目标	活动设计	活动意图	层次	学生效果评价	时间
(2)第一次阅读,通过skimming和scanning阅读策略,以线性方式,梳理故事发展的事实信息,完成事件排序练习,同时引导学生根据上下文对主题关键词和词汇进行推测和语义理解。	教师让学生第一次整体阅读,并对儿子的主要成长阶段按照时间进行排序,同时为学生呈现如下的阅读策略:Pay attention to the timeline of the story and locate the living experience. 以此提示学生可以先找出这些成长阶段中的经历在文中的位置,然后再按时间顺序进行排序。 A. The grown-up man left home. B. When grandma visited, the boy always said bad words. C. The boy flushed his mother's watch down the toilet. D. A mother held her new baby. E. The grown-up man came to see his mother and sang a song for her. F. The boy wore strange clothes.	引导学生通过排序练习考查学生对文章逻辑关系的识别。并在课堂教学中有意识地渗透阅读策略和技巧,引导学生快速查找并梳理信息,提高学生的阅读效率。	获取与整合	学生通过快速浏览文本,梳理文章脉络,理解文本逻辑关系,为后续整合信息作铺垫。	10'
(3)第二次阅读,以儿子成长阶段为标记,梳理儿子成长变化的明线信息和母亲情感变化的暗线信息,并分别在文中寻找佐证,完成两个表格的信息填写。	教师让学生再次阅读文本,并找出儿子在不同成长阶段的表现,同时为学生呈现如下阅读策略小贴士:Pay attention to the boy's behaviour in his life.以此提示学生只关注文中与作者人生变化有关的事实性信息。教师提供如下信息梳理框架,供学生填写。 在学生完成填写任务之后,教师追问学生儿子从顽皮到独立、懂事的主要原因是什么,引导学生探究标题中"Love"的含意。	以儿子在成长阶段的表现为主线进行设问,让学生细读文本并查找具体表现和原因,引导学生围绕主线对细节信息进行梳理和整合,同时用填写表格的方式使其结构化。在阅读前渗透阅读策略,让学生只关注儿子表现的事实性信息,忽略母亲的行为和情感,有助于学生快速完成阅读	获取与整合 分析与判断	学生能梳理儿子行为变化的文本信息,并分析这些变化的原因,探究标题词"Love"的含意。	7'

续表

教学目标	活动设计	活动意图	层次	学生效果评价	时间
	What is the main reason for being naughty to caring?	任务。通过追问这些行为变化的原因,引导学生对文本进行深层次解读,探究"Love"的含意,提升学生对文本的理解能力。			
	教师引导学生分析母亲在儿子成长阶段的情感,同时为学生呈现如下的阅读策略小贴士:Pay attention to the mother's opinions about her son.以此提示学生关注母亲的情感和态度。教师提供如下框架,供学生填写。 学生分析母亲的情感态度时,教师提问对学生进行引导: (1) What makes mother's anger into care? (2) What make mother's missing into being cared?	引导学生在问题的引领下走进母亲的内心世界:让学生分析母亲情感时,教师让他们在文中找出佐证,可以引导学生依托文本内容去挖掘文本中折射出来的情感。在阅读前,教师提供的学法指导可以让学生明确阅读方向。	获取与整理,分析与判断	学生能梳理母亲的情感态度,分析母亲情感变化的原因,探究"Love"的含意。	7'
(4)第三次阅读后,同伴讨论,分析母亲情感变化的原因及标题中"Love"的双向含义,并结合作者创作背景和文本语言特点,尝试完成一个80字左右故事续写。	教师引领学生回顾从文章中提取的信息,让学生再次关注文章标题,同时提问: Has the mother fulfilled her promise of "Love You Forever"?	在学生完成三次阅读之后重新审视故事标题,引导学生分析和思考标题的含义。	批判与评价	学生在回顾文本后进行同伴讨论,探究母亲对儿子的情感。	5'
	教师引导学生根据作者创作背景、文本语言特点和自己对主题的理解,续写80字左右的故事结尾。	引导学生基于对主题的理解,联系作者情感,结合自身经历,尝试续写。	想象与创造	学生结合自身经历,与文本内容关联,合理表达自己对主题的观点和看法。	5'

教学目标	活动设计	活动意图	层次	学生效果评价	时间
(5)结合自己对故事主题的理解和自身的成长经历，对标题中"You"进行批判性评价，发表自己的看法与观点。	教师展示更多关于"Love"的图片，引导学生思考"Love"的含意，进而批判性认识标题中的"You"。	探究主题"Love"更广义的含意，引导学生理性表达自己的观点和态度，以加深对这一问题的批判性思考，提升思维活动的层次。	批判与评价		3'
(6)assignment	Would you appreciate the touching story from other perspectives (the setting, the plotting or the language)? Share your ideas with Coffee after class by E-mail or we-chat.	启发课外阅读的其他方面，鼓励个性化阅读。			

十、教学评价

（1）教学主线设计清晰、明确。在仔细研读文本的基础上，教师在本节课的设计中抓住了"Love"这一主线，在读前思考什么样的爱可以持续永远；在读中引导学生梳理并整合儿子的行为和母亲的情感，并分析这些变化的原因；在读后让学生对"Love"做出评价。在整节课的阅读与分享交流中，"Love"这条主线贯穿始终，在这一主题语境的带动下，学生对文本进行理解、品读，梳理事实信息，分析文本语言，拓展主题内涵，从而"以语取义"。

（2）读中活动的设计层次分明、由浅入深。在教学主线的引领下，教师根据学生的认知特点设计了循序渐进、由浅入深的教学活动。首先通过排序练习引导学生在时间上梳理文本的表层信息；然后通过围绕主线"Love"的一系列设问，让学生整合文本的表层信息；接着让学生根据所获得的信息去分析儿子变化的原因；最后基于三次阅读后梳理、整合和分析所得的信息，引导学生深入理解文章标题的含义并对标题做出自己的评价。在整个教学过程中，每一个活动都为下一个活动做好铺垫，让学生在教师提供的"脚手架"下完成学习任务。

（3）高二年级的学生虽然已经掌握了一些阅读策略，但是很多学生不能根据不同的文本和阅读任务恰当、有效地使用阅读策略，这就需要教师给予适时、恰当的指导。本节课中，学生对整篇文本进行了三次阅读，在每一次阅读之前教师都给予了学习策略的指导：第一次阅读前，教师指导学生在阅读中定位关键信息并关注时间线索；第二次阅读前，教师指导学生关注作者人生变化的事实性信息；第三次阅读前，教师指导学生关注观点描写的句子。在每次阅读前给予学生适当的阅读策略指导，可以降低阅读任务的难度，不仅能让学生轻松地完成每次阅读任务，增强学生的阅读自信心，而且能培养学生的阅读能力。

十一、预习任务

阅读一则妈妈关心儿子的文章，铺垫下一课时的教材阅读课，文本如下。

When Zhou Kai' s mother saw him heading towards the front door without a jacket on, she eyed him anxiously. “Zhou Kai, where are you going?” she asked. “To the park. I' m gong to play football,” said Zhou Kai. “But it' s raining! You' ll catch a bad cold,” said his mother. “No, I won' t. I' ll be fine,” said Zhou Kai, as he opened the door. “Zhou Kai, you' ll get ill. You know you will. You can at least go and get your jacket.” “OK, OK.” Zhou Kai went and did as he was told.

Zhou Kai (2) My mother has always made sure we eat very healthily, and fresh fruit and vegetables are a very important part of our diet. We live near the sea and we have fish about four times a week. We don' t eat much fat or sugar.A lot of my school friends eat sweets every day but I' m lucky because I don' t have a sweet tooth —— I' d rather eat a nice piece of fruit. And I' m not too heavy, so I never have to diet, or anything like that. I' m quite healthy. I very rarely get colds, although, unusually for me, I had a bad cold and a bit of a fever last week. But that' s because I was stupid enough to play football in the rain. I don' t often get things like flu either. Last winter almost all my class mates got flu ——but I didn' t. I think I don' t get these things because I take a lot of exercise and am very fit. Two years ago I broke my arm playing football. The injury was quite painful and I couldn' t move my arm for month ——I hated that. So as you can see from what I' ve said, I' m a normal kind of person. But there' s one thing I really love —— I' m crazy about football. I' m captain of the class team at school and I' m also a member of the Senior High team. Because of this, I make sure that I have a good diet, and as I've said, this isn't a problem because my mother feeds us so well.

十二、教学文本

A mother held her new baby and very slowly rocked him back and forth, back and forth, back and forth. And while she held him, she sang:

"I'll love you forever, I'll like you for always, As long as I'm living, my baby you'll be."

The baby grew. He grew and he grew and he grew. He grew until he was two years old, and he ran all around the house. He pulled all the books off the shelves. He pulled food out of the refrigerator, and he took his mother's watch and flushed it down the toilet. Sometimes, his mother would say, "This kid is driving me CRAZY!"

But at night time, when that two-year-old was quiet, she opened the door to his room, crawled across the floor, looked up over the side of his bed; and if he was really asleep, she picked him up and rocked him back and forth, back and forth, back and forth. While she rocked him she sang:

"I'll love you forever, I'll like you for always, As long as I'm living, my baby you'll be."

The little boy grew. He grew and he grew and he grew. He grew until he was nine years old. And he never wanted to come in for dinner, he never wanted to take a bath, and when grandma visited he always said bad words. Sometimes his mother wanted to sell him to the zoo!

But at night time, when he was asleep, the mother quietly opened the door to his room, crawled across the floor and looked up over the side of his bed. If he was really asleep, she picked up that nine-year-old boy, and rocked him back and forth, back and forth, back and forth. And while she rocked him, she sang:

"I'll love you forever, I'll like you for always, As long as I'm living, my baby you'll be."

The boy grew. He grew and he grew and he grew. He grew until he was a teenager. He had strange friends and he wore strange clothes and he listened to strange music. Sometimes, the mother felt like she was in the zoo!

But at night time, when that teenager was asleep, the mother opened the door to his room and crawled across the floor and looked up over the side of his bed. If he was really asleep, she picked up that great big boy and rocked him back and forth, back and forth, back and forth. While she rocked him she sang:

"I'll love you forever, I'll like you for always, As long as I'm living, my baby you'll be."

That teenager grew. He grew and he grew and he grew. he grew until he was a grown-up man. He left home and got a house across town.

But sometimes on dark nights, the mother got into her car and drove across town. If all the lights in her son's house were out, she opened his bedroom window, crawled across the floor, and looked up over the side of his bed. If that great big man was really asleep, she picked him up and rocked him back and forth, back and forth, back and forth. And while she rocked him she sang:

"I'll love you forever, I'll like you for always, As long as I'm living, my baby you'll be."

Well, that mother, she got older. She got older and older and older. One day she called up her son and said, "You'd better come see me because I'm very old and sick."

（以下部分为原绘本结尾，学生课堂上没有该部分文本）

So her son came to see her. When he came in the door, she tried to sing the song. She sang: "I'll love you forever, I'll like you for always..." But she couldn't finish, because she was too old and sick.

The son went to his mother. He picked her up and rocked her back and forth, back and forth, back and forth. And he sang this song: "I'll love you forever, I'll like you for always, As long as I'm living, my mommy you'll be."

Love You Forever
——基于思维品质培养的
课外材料阅读课

笔记

案例篇

To-infinitive as attributive and adverbial result

——基于“形式-意义-使用”三维动态语法观的高中英语语法教学探究

国赛中学英语组备赛作品　江雪珲

一、教学思想

《普通高中英语课程标准（2017年版）》（教育部，2018）指出：语言使用中，语法知识是“形式—意义—使用”的统一体，与语音、词汇、语篇和语用知识紧密相连，直接影响语言理解和表达的准确性和得体性。课程标准中对语法教学的要求是突出语法的表意功能和学生运用语法进行语言实践。

高中阶段英语语法知识的学习是义务教育阶段语法学习的延伸和继续，目标是使学生在进一步巩固和扩展已有的语法知识的基础上，在具体语境中恰当地运用所学语法知识来理解和表达意义，进一步增强“知识—意识—思想—行为”的英语语法意识。

传统的语法教学过于关注语法形式，忽略语法的意义。以语言运用为导向的“形式—意义—使用”三维动态语法观强调：语法参与传递语篇的基本意义，语法形式的选择取决于具体语境中所表达的语用意义。据此，语法知识的使用不仅需要做到准确和达意，还要做到得体，因为语法形式的准确并不等同于语言使用的有效，有效的语言使用还涉及说话人的意图、情感态度及其对具体语境下参与人角色和身份的理解，这些都离不开语用意识和相关的语用知识。结合课标中对高中英语课程语法知识内容标准，必修、选修Ⅰ、选修Ⅱ三阶段分别要求在语篇中（正确地或恰当地）理解和使用语法项目。

本节课语法教学以“形式—意义—使用”三维动态语法观作为指导思想，充分依靠教材单元内容，整合资源，围绕语法条目的表意功能、语法的意义，设计由词组、小句到语篇的使用活动，引导学生对语法结构有意识地操练，进而发展他们的语言能力。

关键词：三维动态语法观；高中英语；语法教学

二、教学内容分析

本课时为《英语》（外研版，2019）高中一年级第二学期 Book 2 Unit 3 Using language 中语法部分，目标语法项目为 to-infinitive as attributive and adverbial result，即：动词不定式作描述类定语和结果状语。

基于2017年版英语课标关键词之一：单元及单元内在架构的学习特征，以主题意义为线索，以探究主题意义为学生主要任务和学习活动主要依据，将语篇理解、语言知识和文化知识学习及思维能力发展贯穿其中。现对本课时所在单元做如下整体分析。

版块	内容	课型及课时目标	写作意图
Starting out	关于英国五种运动的视频和其他常规运动方式的提问。	单元话题导入。	感知单元主题，激活相关图式。
Understanding ideas	足球作为一种世界流行运动的描述。	阅读课，铺垫基本主题知识和语言知识。	较全面认知足球流行的原因和例证。
Using language	Grammar , vocabulary listening and speaking.	不定式作描述类定语和结果状语，运动好处的表达输入，关于太极运动的访谈类文体听力技能训练。	让学生学习、使用本单元基本语言知识。
Developing ideas	四位慢跑者的跑步故事（原因和好处）。	阅读课，发展阅读技能，厘清原因和好处的结构表达，加深单元主题意识。	如何讲述自己的运动故事。
Writing	写一个自己的运动故事：如何开始、开展过程、所获和未来愿景。	写作课。	基于对故事四个要素的理解，结合自身经历进行合理表达。
Presenting ideas	关于体育课推荐的体育项目。	表达技能训练。	引导学生有理据地表达观点。
Reflection	学生对单元学习的几个维度做自我评价。	过程性评价、自我评价。	
Project	小组合作，完成一个关于单元话题的项目，完成课内外学习活动。		

三、学情分析

1. 自然情况

本节课的授课对象为高一年级学生，因具体教学需求，为了更好地分层培养学生的语言能力，学校将英语授课分成A、B两层。本节课授课对象为A层学生，英语语言能力较好，已具备课标要求的七级词汇目标（2600左右的词汇量），能在课堂上积极参与小组合作学习。

2. 已有基础、可能存在问题及解决措施

已有基础		可能存在问题	解决措施
目标语法背景方面	基于初中义务教育阶段的语法学习，大部分学生对不定式(to do)的非谓语结构比较了解。	经课前学情表调查发现，绝大部分学生对动词不定式的功能语义不清楚或混淆。	设计"形式—意义—使用"为主线的一系列课堂活动，重点在语篇中的语用活动。
语法学习策略方面	基于接近半年的高中英语学习，大部分学生比较清楚"形式—意义—使用"三维动态语法观。	大多数学生对语法学习停留在规则(形式)和意义上，缺少在语篇中的语用意识。	围绕单元主题语境中所表达的语言意义，设计由词组、小句到语篇的使用活动。
课堂小组合作探究	自高一学习伊始，英语课堂活动采用小组合作探究方式，学生对此类小组合作活动流程较熟悉。	部分组员内化语言知识、陈述观点时，有表达障碍，输出语言缺乏逻辑性。	提供参考词组或结构，帮助学生完成语言实践与表达。

四、教学目标

本节课结束时，大部分学生能够：

（1）根据课文内容回答问题，观察、分析目标语法结构的语义（give description or show result）；

（2）结合目标语法结构的语义，通过对比从句的表达方式，分析运用目标语法结构的表意功能；

（3）根据目标语法的语义和表意功能，运用目标语法结构，完成关于"乒乓球"的句子组合练习和尝试完成关于"太极"的语篇句子替换练习；

（4）结合教材第30页中关于日常熟悉运动方式的图片内容，根据自身的经历和体验，运用目标语法结构，表达自己对于这些运动方式好处的看法和观点。

五、教学重难点

根据学情分析，以上教学目标中第（2）、（3）点为教学重点，第（4）点为教学难点。

教学目标	活动设计	学生活动	活动意图	层次	学生效果评价	时间
(1)根据课文内容回答问题,观察、分析目标语法结构的语义,give description or show result.	T greets Ss, and comes up with three questions to ask Ss to review the reading passage last period in order to locate three target sentences with to do. Questions: (1)What is the basis of football's popularity? (2)What can lead to attracting million of people according to paragraph 3? (3)What can be remembered during years of conflict in paragraph 4?	IW 学生回忆相关课文知识,定位含有目标语法结构的三处课文句式。	从上一课时所学课文内容入手,引出目标语法结构。	感知目标语法结构。	学生通过教师提问、激活课文内容已知,初探目标语法结构的形式。	5'
(2)结合目标语法结构的语义,通过对比从句的表达方式,分析运用目标语法结构的表意功能。	T leads Ss to analyse the contextual meaning of the target meaning: give description or show result. Then, T list the similar sentence patterns with that-clause, encouraging Ss to make a contrast by reading aloud and conclude the pragmatic translation of to do as attributive and adverbial result. (1)the contextual meaning of the target meaning That football is such a simple game to play is perhaps the basis of its popularity. (give description) It is fun enough to attract millions of people. (show result)	IW + PW 根据句子提供的情景语境,理解语法结构的表意功能和语法的意义。	引导学生在情景语境中的语篇中理解、分析、分享和交流。	Non-communicative learning: Focus on the structure-how it is formed and what it means.	学生基本能理解目标语法结构的表意功能,并通过对比从句的替换,感受目标语法结构的语用目的。	10'

续表

教学目标	活动设计	学生活动	活动意图	层次	学生效果评价	时间
	...but British and German soldiers put down their guns and played football together-one moment of peace to remember during years of conflict. (give description) (2)the pragmatic translation That football is such a simple game to play is perhaps the basis of its popularity. That football is such a simple game that people play is perhaps the basis of its popularity. It is fun enough to attract millions of people. It is so fun that it attracts millions of people. ...but British and German soldiers put down their guns and played football together-one moment of peace to remember during years of conflict. ...but British and German soldiers put down their guns and played football together-one moment of peace that has been remembered during years of conflict.					10'

续表

教学目标	活动设计	学生活动	活动意图	层次	学生效果评价	时间
(3)根据目标语法的语义和情景语境使用,运用目标语法结构,完成关于"乒乓球"的句子组合练习。	T guides Ss to join the sentences using the to-infinitive form. (1)The rules of the game are simple to make it easy to play.	IW + GW 合并两个简单句,初步使用目标语法。	在单元主题语境情景中,通过合并两个简单句体会单元主题内容,初步使。	Structured communication: Using language to communicate which elicit pre-learnt language, But with simple problems-solving.	通过合并两个简单句,改写一个小语段课堂活动,学生能熟悉目标语法结构的形式,基本了解其表意功能。	
尝试完成关于"太极"的语篇句子替换练习。	(2)The ball is small enough to fit into most sports bags. (3)Chinese table tennis teams have won world championships many times to attract millions of people. (4)Some table tennis players have one dream to play for their nation in the global competition. T guides Ss to re-write some parts using the to-infinitive form. Chinese martial arts are famous all around the world. Each year, tens of thousands of people from other countries come to China to learn Chinese martial arts. Tai chi, which is a martial art with a long history, is usually a popular choice. It involves doing very slow physical exercises		用目标语法结构;通过改写一个小语段,引导学生在熟悉不定式的形式基础上,进一步理解和感受目标语法结构的表意功能。			15'

续表

教学目标	活动设计	学生活动	活动意图	层次	学生效果评价	时间
	To relax your mind and clam your body. Tai chi can be seen as the combination of human and nature that enables you to contact the natural surroundings.					
(4)结合教材第30页中关于日常熟悉运动方式的图片内容，根据自身的经历和体验，运用目标语法结构，表达自己对于这些运动方式好处的看法和观点。	Write some benefits of doing some familiar sport(s) using to do as attributive and adverbial result. Useful expressions: · develop one's (core) muscles; · strengthen one's body ; · build strong (bones); · burn a lot of calories; · improve one's (heart) function; ...	IW	引导学生联系课文主题图片的认识，结合自身经历和感受，使用目标语法完成个人观点表达，拓展对语言的使用。	Authentic communication: Using language to communicate in situation where meaning are predictable with complex problem-solving and discussion.	学生基本能使用目标语法结构完成语言实践练习。	10'

六、学习方法

问题导引、合作探究。

七、课程资源

《英语》（外研版，2019）高中一年级第二学期教材PDF版。

八、教学工具

教材、黑板、多媒体课件。

九、教学过程

十、关于语法教学的两点思考

（1）当前语法教学的方法主要分为两类：以输入为基础的教学（input-based instruction）和以互动/输出为基础的教学（interaction/output-based instruction）。无论是采用以输入为基础还是以互动/输出为基础的教学方法，传统的关注语言形式，注重语法结构，忽略语言意义，忽略语法结构的表意功能和语篇结构来教学的方法已逐渐被更加注重语言的形式—意义关系、促进在语境中呈现和使用语言形式的教学方法所替代。

（2）在高中英语教学中，语法教学不应是静态的知识规则，而是要学习语法的结构，也要学习语法的表意功能。相应的，语法教学也应该兼顾形式、意义和功能，在语境中帮助学生理解、加工、内化并产出语法，促进其交际能力的发展。

十一、预习任务

Read and match the descriptions to the exercises in Activity 4. Underline the words and expressions describing their benefits.

□ 1 You have to keep your body very still. This develops your core muscles and strengthens your lower back.

□ 2 This develops your chest and shoulder muscles. Remember to keep your back completely straight.

□ 3 Using only a rope, you can develop your footwork and balance. It's good for your heart and you'll burn a lot of calories without going anywhere!

□ 4 Find a bar that will support your weight. This builds strength in your upper body, especially in your arms and back.

□ 5 This develops the muscles in your stomach region and improves the way you stand.

□ 6 This gives you improved heart and lung function. It also helps build strong leg bones.

十二、教学文本

Using language

to-infinitive as attributive and adverbial of result

1 Look at the sentences from the reading passage and answer the questions.

a That football is such a simple game **to play** is perhaps the basis of its popularity.
b It is fun enough **to attract** millions of people.

1 What is the function of "to play" in sentence (a)? Is it used to give description or show result?
2 What is the function of "to attract" in sentence (b)? Is it used to give description or show result?

Compare them with the following sentences and answer the questions.

c That football is such a simple game **that people play** is perhaps the basis of its popularity.
d It is so fun **that it attracts** millions of people.

3 What is the difference between the two groups of sentences?
4 Why does the author choose to use sentences (a) and (b) in the reading passage?

Now look for more sentences with these structures in the reading passage.

2 Join the sentences using the *to*-infinitive form.

1 The rules of the game are so simple. They make the game easy to play.
2 The ball is small enough. It fits into most sports bags.
3 Give me a list of the teams. They can enter the competition.
4 The footballer has a dream. He wants to play for a top team.
5 We arrived at the stadium. We found that the game had been cancelled.

3 Rewrite the underlined parts using the *to*-infinitive form.

Are you looking for a sports watch that can help you keep track of your fitness and chart your training progress?

Whether you're a professional athlete or keen sportsperson, DX Sports Watch is the ideal choice for you. It has a digital display that records your steps, speed and distance, as well as monitoring your heart rate and calories burnt. It also has a voice control setting that enables you to stay hands-free, while its waterproof band is fully adjustable so that it is comfortable to wear.

DX Sports Watch is only available online, so go to our website and place your order today!

Exercises you can do anywhere

Look at the pictures and answer the questions.

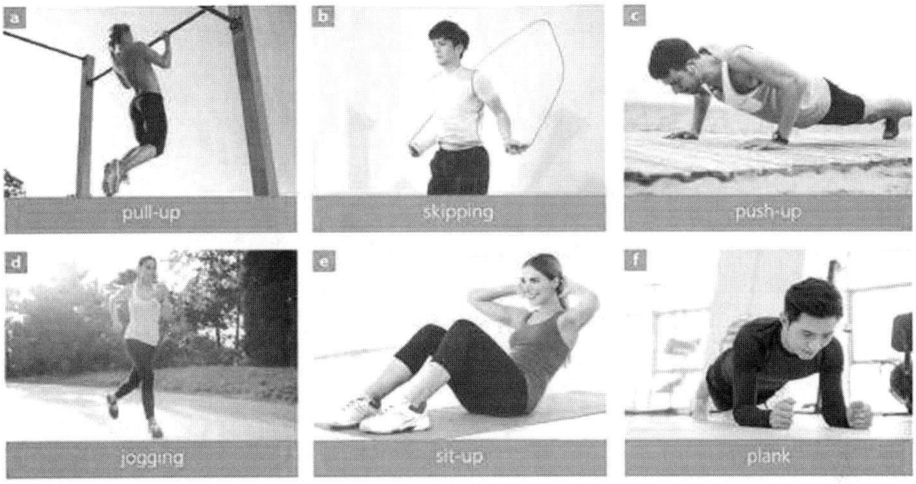

To-infinitive as attributive and adverbial result ——基于“形式-意义-使用”三维动态语法观的高中英语语法教学探究（课堂教学）

To-infinitive as attributive and adverbial result ——基于“形式-意义-使用”三维动态语法观的高中英语语法教学探究（说课（修1））

笔记

分 享 篇

我的智慧人文数学课

成都市泡桐树小学　谭　威

谭威，四川省成都市泡桐树小学数学教师，四川省优秀教师，四川省五一劳动奖章、成都市五一劳动奖章获得者，并荣获四川省政府颁发“创新教育典型教师”。2019年9月参加全国第二届青年教师教学竞赛，获得一等奖第一名。

我是成都市泡桐树小学的一名数学老师，十四年来，我一直成长在泡桐树下，这让我的教育愿景也不知不觉成了一棵大树的样子，就像下图所示。

这棵大树扎根于数学本质及学科核心素养的沃土；带领学生经历探索、反思、迁移的过程，形成知识的结构化、方法的结构化；而我最终期待开出的果实是学生个性化的样子，包括学生全面提升的学力、学习品质，以及他们缜密思考、批判质疑、实践创新的多元思维能力。这是这棵树的主干！除此之外，我的课堂还有两只翅膀：一是手段的信息化，二是课堂的人文化。有了这样的主干，加上一双腾飞的翅膀，让我的课堂有了不一样的标签。

一、树的主干——向学科深处扎根

1. 扎根数学本质、学科核心素养的沃土

“宇宙之大，粒子之微，火箭之速，化工之巧，地球之变，日用之繁，无处不用

数学。”这番话来自于华罗庚先生，想要体现的正是数学与生活无处不在的紧密联系。

随着国家课程改革的深入，教师们大都对数学有了新的理解，全新的素材也源源不断地进入课堂。但如何才能真正让课堂焕发出数学应有的魅力，激发学生的学习兴趣和求知欲望呢？我认为在教学过程中，不能单单只靠动画人物、声光电等外来素材来吸引学生，这不是长久之计，也不是数学本身的魅力。而是需要从根源上寻找数学的魅力，通过把握数学本质、融入数学思想、做出数学思考，让课堂扎根在这样的沃土中，才能使教学焕发出应有的魅力，让学生感受到数学的神奇美妙和乐趣。

我曾执教六年级“认识百分数”一课，对于六年级的孩子来说，这一课的知识挺简单，但我提出了这样一个问题：为什么人们有了分数，还要发明百分数呢？在引导孩子们思考百分数特点的过程中，让他们认识到其实百分数的发明，正是基于我们人类对十进制的熟练应用。一个百分数能够让人们清楚地看到分子与分母100之间的关系，即部分与整体的关系，而不仅仅是拿来横向比较用，这一优势是分数所不能代替的。这堂课结尾时，有学生有感而发：难怪我们生活中到处都是使用的百分数，而不是分数，它太方便了！

所以抓住知识的本质，朝深处走下去，数学课就能真正让学生体会到数学的奇妙，能更好地绽放出魅力课堂的神韵。

2. 知识结构化，方法结构化

在教学中，很多教师都遇到过这样的情况：今天的知识在课堂上讲得很清楚，感觉学生都学懂了。可是回头一做练习，题目稍微有些变形，很多孩子便会出错，甚至不会。其实每个学生每天都会建构很多新的零散知识，但这些新知识无序堆放在脑中，遇到举一反三的情况便无法提取。所以将知识结构化储存，能方便学生在需要时灵活提取知识、应用知识。

如何将知识结构化的储存呢？我认为应该打通知识本质之间的连接点，将它们紧紧连接在一起，这样建构出来的知识就不再是零散无序的。

以五年级“梯形面积”一课为例，学生在学习梯形面积之前学习了平行四边形的面积和三角形的面积的推导，按理说这是一种知识之间的层层递进，学生将之前的经验迁移到本课，从而可以自己推导出梯形的面积公式。在探索出梯形面积公式后，我专门设计了一个环节——回头看：可不可以用梯形的面积公式来计算平行四边形的面积？三角形的面积？在探索中，学生发现真的可以，甚至还得出了“青出于蓝而胜于蓝”的结论！感受到知识之间不仅仅是由此及彼的线性联系，更是可以高度结构化打包储存的东西，这样便可更好地达到举一反三的效果！

3. 终极追求——学生个性化

教育、教学的根本是人，是学生！学生的变化、发展，能为所有我们觉得是正确的教育方式正名！所以，在课堂上能看到学生个性化东西的展示，是我最大的幸福和幸运，也是我教学的终极追求。

2017年10月，泡桐树小学承办了教育部的“网络空间人人通”培训项目，我现场执教了一堂公开课“圆的认识”。这里与大家分享两个教学中让我回味无穷的片段。

片段一：你心中的圆是什么？

课前，我已布置了这个作业，孩子们自己搜集材料，如何选择全凭他们的喜好，然后用平板电脑上传到学习空间中。以下是我随机选取的孩子们的作品。

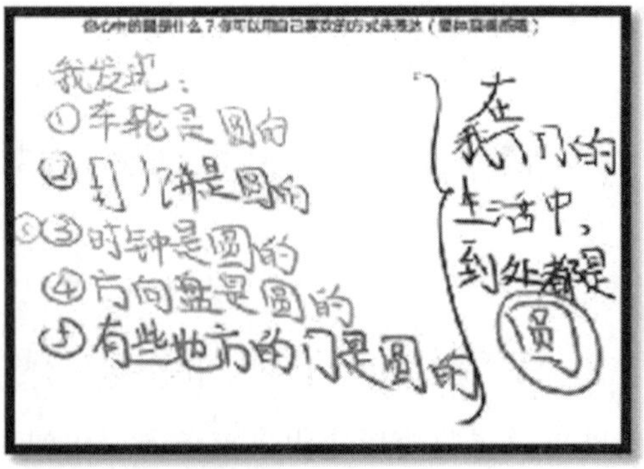

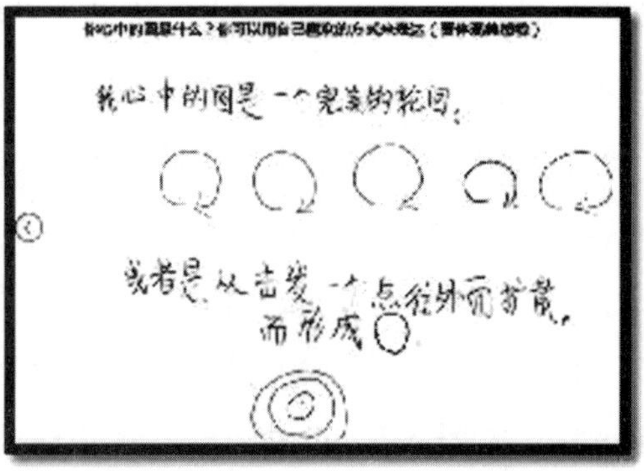

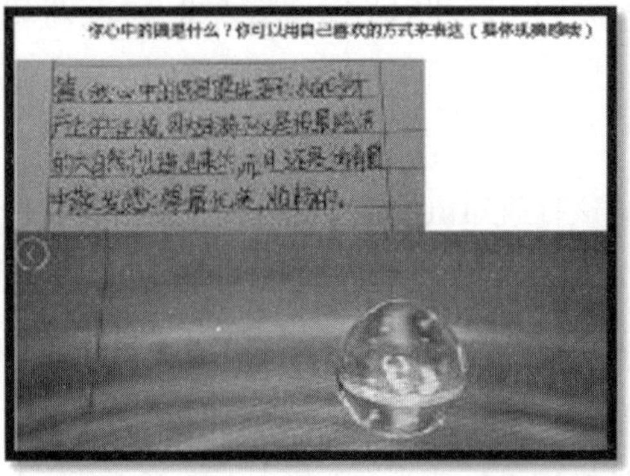

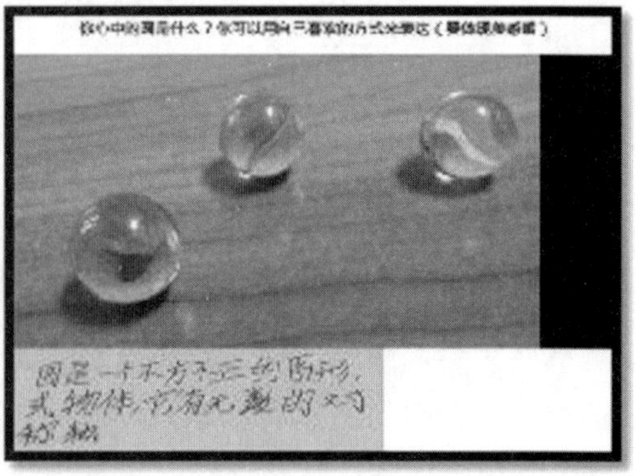

孩子们走进课堂时不是一张白纸，能够在课堂上尽情展示他们的原始想法。

生1：我觉得我身边到处都是圆，车轮、月饼、方向盘等。（真的有种无处不在

的感觉）

生2：我心中的圆就是一个个轮回，从一个点往外扩散，也会产生很多圆。（不仅有深刻的感悟，还能体会圆是怎样产生的）

生3：在我心中，圆是露珠落到水面产生的涟漪，涟漪是大自然创造出来的最优美、最顺畅的。（太能诗情画意了）

生4：我一直很喜欢飞机，我不知道圆怎么来的，但我希望机场跑道能修成圆形，这样，无论顺风、逆风，飞机都能起飞不被延误。（一直有个飞行员梦想的小孩）

孩子们不是白纸，对圆都有自己的初体验，他们通过自己的思考，探索出了与圆有关的元素：有科学中的圆，有美术中的圆，还有哲学中的圆……而孩子们在公开场合自信地展示出自己的想法，那些发自内心的声音引来了现场听课老师一阵阵热烈的掌声！

片段二：小组合作，自主选择，多种方式探究。

有三个问题：一，车轮为什么要做成圆的？二，很多雨水井盖为什么是圆的？三，篝火晚会时，人们为什么不由自主地围成圆形？请孩子们小组合作，选择一个问题来探究，多角度理解。

（学生探究后汇报。）

（1）解答问题一。

组1：我们想用举例子的方法来说明，如果车轮是方的，那么角上会滚动得很慢。

组2：其实就是因为圆的直径一样长，所以运行起来很平稳。

组3：我补充一下，其实不仅是直径，关键是半径，这样的话车轴在圆心，才更稳定！

（2）解答问题二。

组1：井盖是圆的，最重要的原因就是不要让它掉下去，只有圆的直径一样长，无论怎么转都掉不下去。

组2：下水道修成圆形，没有棱角，工人们下去的时候也不会受伤。而且井盖做成圆形，受力更均匀。

组3：还因为同样的材料，圆形面积最大，这样在漏水时能更快不堵塞。

（3）解答问题三。

组1：为了公平，站成圆形，每个人到火堆的距离都相等，能感受到一样的温暖。

组2：站成圆形还能扩大我们的视野，这是我在网上搜到的答案，不过我想了想，确实是这样！

其实问题二和问题三都没有标准答案，回答的角度可以有很多，能更好地促进孩子们思考。在孩子们个性化的思考中，这三个问题都得到了圆满的解答，除了数学中所谓的“一中同长”外，站在不同的角度，还会有不同的理解。我相信，孩子们从这堂数学课上，收获的绝不仅仅是数学！

二、手段信息化——为现代课堂助力

2010年，我所在的成都市青羊区开始推进智慧教育项目，我有幸成为这个项目的参与者，这对我来说是个重要的契机，我开始一路探索如何将信息化与课堂完美融合。在之后的几年时间里，探索从未止步，我大大小小上了很多次公开课、研究课，通过一次比一次深刻的课前准备、课后反思，我的教育理念变得更加前沿、开放。当信息化与此一碰撞，立刻绽放出不一样的火花。

笔者就以前面介绍的“圆的认识”第一个教学片断为例，进行剖析。

这是一堂传统而又经典的老课，很多教师都以这课成名。但是站在不同的历史时期，圆所体现的内涵与外延各不相同。

20多年前，一位数学教师能在课堂上凭借扎实的教学基本功画出一个圆，这就是好老师，这就是好课；10多年前，有教师把自行车推进教室，借助生活经验帮助孩子们理解与圆有关的点点滴滴；而现在，科技充斥着在我们生活的方方面面，我班级的学生人手一台学校配发的平板电脑，随时随地都可以进行泛在学习，这样的高规格配置，给这堂课赋予了更多上位的东西。

很多人觉得用平板电脑上课是时下的噱头，不用这些设备，课也照样上。真的是这样吗？回看第一个片断，我们发现，孩子们不是白纸，他们学习任何知识都该有备而来。但传统课堂上，孩子们心里做了哪些准备，我们老师知道吗？当然不知道！因为每个孩子都是不一样的。在信息化的学习环境下，孩子们课前有了认知，可以通过网络让我课前知晓，我要做的便是充分利用这些材料，推动学生的元认知一步步向更深层次的认知递进，在这个过程中要展示出数学课开放的一面、多元的一面。

所以，信息化与课堂深度融合，带来的不仅仅是高效的工具，更是一个个不可复制的、源自学生的宝贵资源，而最重要的是实现了学生学习方法的改变！

三、课堂人文化——让数学充满情感

教学中我始终坚持把学生推到课堂的最前沿，而老师能退则退，尽量往后退，孩子们得到老师的信任会变得更加坚强、更加勇敢，也更加有创意。

我也一直坚持认为，数学从来不是独立的存在，数学课不应该只有数学，它应该有孩子们好奇、喜欢、需要的一切，更应该有情怀、有气度！

2019年9月，我去山东参加了第二届全国中小学青年教师教学竞赛决赛。赛制要求每位教师准备十节课例，我准备的十节课例里，有好几节并不是来源于教材，而是我通过数学阅读自主开发出的内容。在报送课例的时候，很多专家、领导、团队成员和我的意见产生了分歧，因为根据以往的经验，很多评委会觉得教学内容如果不是来源于教材就显得不够正式，这可能会成为我比赛的弊端。一番挣扎思考后，我依然决定保留这几节来自课外的课例，包括“认识等宽曲线”“数学绘本阅读”“实践活动”等，因为我想传递一个理念：我们老师不应该只是教材的使用者，更应该是资源的开发者、课程的创建者，只要学生有需要，就应该努力为学生创造。在积极努力的准备下，我最终获得了第二届全国中小学青年教师教学竞赛小学组一等奖第一名的好成绩，我想，这就是对我开放的理念最大的褒奖！

我的课堂正是在这样“主干+翅膀”的结构下，一步步向前探索着、推进着。于是，这样的课堂有了属于我自己独特的标签，我把它叫作——智慧人文课堂！

我亦是行人

成都市石室中学　李　挚

时光飞逝，转眼之间，距离参加第五届四川省中小学青年教师教学竞赛和第二届全国中小学青年教师教学竞赛已近两年。每每忆起这段备战参赛的经历，酸甜苦辣的种种滋味总会交织心间，时时刻刻提醒自己不要忘记走过这趟旅程所收获的个人成长与至美风景。

坦率地说，一开始是否要踏上这趟旅程，自己也曾有过犹豫。一方面是因为从教十年让我对现阶段的课堂教学驾轻就熟，甚至我曾半开玩笑地对我的实习老师说："只要是讲考点，那就是张口就来。"要打破这难得的舒适圈，着实需要些魄力。另一方面则是因为，这一系列的比赛时间紧、任务重、要求高，一旦参加，就必然要投入极大的精力，且持续相当长一段时间。如果最终能取得一定成绩还则罢了，如果折戟赛场，甚至空手而回，那实在是令人羞愧，无地自容……好在摆脱职业倦怠、突破教学瓶颈的渴望最终战胜了患得患失的焦虑，我决定站上这次系列比赛的舞台，开启了"痛并快乐着"的艰难跋涉……

不积跬步，无以至千里——积累教学作品

参加这次系列比赛所面临的第一项挑战就是准备教学篇目。

传统的教学比赛通常有两种模式：一种是自选篇目，提前准备，最后完成现场展示；另一种则是现场抽题，限时准备之后进行现场教学。可是本次系列赛，从成都市的初赛、市赛，到四川省省赛，再到全国国赛，采用了一种全新的竞赛模式：参赛者首先提供十个教学篇目（其中包含教学设计、教学用PPT、教学理念阐释等）参与教学设计评分，之后再从这十个课题中随机抽取一个进行30分钟的现场展示，其中无生教学展示不少于15分钟，教学阐释（类似于说课）不少于10分钟。十个教学篇目，如果放在日常教学中自然不算太多，可是放在如此高规格的比赛中，必然要求个个都是精品，此时这"十"便仿佛变作了"千百"，带来了泰山压顶般的千钧重压。

如何凑齐这十个高质量的教学篇目？我开始梳理自己从教十年来的教学作品：

从初入职的校级赛课获奖课例，到市级微课比赛获奖课例；从组内公开课，到市级献课；从教材新课，到专题复习课……最终，经过精心筛选，我确定了参加市级比赛的十个课题：课例1《一个人的“赤壁之战”——苏轼与前、后〈赤壁赋〉》（市级赛课一等奖）、课例2《奥斯维辛没有什么新闻》（校级赛课一等奖）、课例3《登高》（诵读教学）、课例4《拟定标准，写好比较型作文》（作文教学，市级微课一等奖）、课例5《〈祝福〉·第一课时：堆叠的悲剧》、课例6《〈祝福〉·第二课时：挫败的启蒙》、课例7《〈雷雨〉——理解台词在话剧中重要作用》、课例8《李清照词两首——一个时代给予女子的烙印》、课例9《立足真实阅读，摆脱“套路”桎梏——从叙事学的角度读懂小说》（市级献课）、课例10《“心音共鸣”，写好触动心灵的瞬间》（作文教学），并最终凭借课例10获得了成都市比赛的第一名，挺进省赛。

现在回过头来审视市赛的这十个教学篇目，虽说都曾是自己的精心之作，但质量却参差不齐，有的课例设计陈旧，跟不上新的教学理念；有的课例设计较为个性，缺乏足够的学理支撑；还有的课例设计有待完善，不能做到环环相扣；并且从总体构成上来看，这十个课例还有一个非常明显的缺陷，那就是虽然体裁丰富（古代散文、古诗、小说、话剧）、课型多样（阅读课、写作课、诵读课），但缺少整体感，不成教学序列。其实真正发现这个问题，是在参加完全国比赛之后（参加全国比赛时，我所提交的十个教学篇目相比于市赛和省赛已有部分替换和改进）。我在与来自北京人大附中的参赛选手交流时得知，她的十个参赛篇目均是作文教学，且是属于一个核心教学专题下的系列教学，而这项“课程式”的教学设计也在本次国赛的教学设计评分中取得了最高分！至此我才真正明白，参加这样的教学比赛，其教学设计除了单个设计的完整、合理、有亮点之外，还应该考虑整体教学的延续性和序列性，否则无论单个教学设计如何精彩，总还是会给评委留下“东拼西凑”的观感。

而要从根本上解决这个问题，光靠临赛备战时的“搜肠刮肚”或者“集体智慧”是远远不够的，作为教师还是要回到自己的日常教学中，将每一次教学设计都当作公开课或者赛课来准备，认真上好每一堂课，并且主动研究，积极改进，不断优化或突破那些已经“功成名就”的课题，甚至自己开发“课程”，形成属于自己的教学序列，积跬步，至千里！相信到那时，我们定会拥有远远超过“十”这个数量的，丰富而精彩的教学作品！

衣带渐宽终不悔，为伊消得人憔悴——优化教学设计

参加本次系列教学比赛，初选十个教学篇目仅仅是“万里长征第一步”，接下来还需要在有限的时间里，对这些教学篇目进行改进、优化和完善，以求将每一个都打造成精品课例，才能保证在现场展示环节中，不因抽中薄弱篇目而前功尽弃！所以，教学比赛比拼的是教师的教学技艺，而这项技艺绝不仅仅局限于现场上课的能力，至少还应包含优化教学设计的能力。

在优化教学设计的过程中，我首先要做的是审视所选篇目的教学价值，并以此为据，重新确定教学内容。例如在市赛中，我对课例2《奥斯维辛没有什么新闻》的理解还较为浅薄，为课例确定的教学内容是：①讨论、分析、理解文章重要句子，把握文章主题。②通过拓展延伸，挖掘课文的现实意义，培养学生牢记历史，热爱和平的道德品质。这样的教学内容停留在了“教教材”的层面，虽然中规中矩，但没有多少新意。而到了省赛时，同样是这篇课文，我为其确定的教学内容变成了：①辨析《奥斯维辛没有什么新闻》的“旧”与“新”，发展学生的新闻阅读能力。②理解《奥斯维辛没有什么新闻》的独特价值，引导学生关注时代、关注社会。之所以发生这样的变化，是因为我意识到了《奥斯维辛没有什么新闻》作为一篇新闻通讯，具有独特的文体特征和价值，如果在教学设计中忽略了这两个独特性，那么也就将这篇文章最应该被用以教学的闪光点彻底抹杀了。带着这样的思路，到参加国赛时，我再次优化了这篇课文确定的教学内容，变成了：①比较课文与同题材的其他作品，辨析《奥斯维辛没有什么新闻》的“新”与“旧”。②细读文本，理解《奥斯维辛没有什么新闻》的“有”与“无”。③比较课文与同题材的文学类作品，认识课文的独特价值。在保留省赛中对文本文体特征和独特价值的探究的基础上，引入比较阅读的方法，进一步凸显了本文在新闻阅读教学中的范本作用。从市赛的“教教材”，到省赛的“发掘教材”，再到国赛的“用教材教”，一份中规中矩、缺乏亮点的教学设计，终于完成蜕变，焕发出新的生命力！

除了重新确定教学内容，在优化教学设计时，针对本次系列比赛还有一个关键环节，那就是撰写教学阐释。

所谓教学阐释，简单来说就是对该篇教学设计，站在一定的学术高度上进行学理性说明，有些类似于我们常说的“说课”。教学阐释的基本内容应该包括：教学理念、教材解读、学情分析、教学环节设计意图与课程资源，其中最为重要的部分，在我看来应该是教学理念。原因有二：其一，教学理念是教学设计的学理支撑。没有一定高度的、专业的教学理念作支撑，很难做出切合教育教学发展规律、精准高效地达成教学目标的教学设计。其二，教学理念反映教学设计者的学养修为。新课改背景下的基础教育早已不再是“照本宣科”“依葫芦画瓢”，如果没有一定水平的学养修为，没有形成自己的教学理念，将会失去在教育行业的立足之地。因此在优化教学设计、撰写教学阐释时，我会借鉴许多教育专家的理念和观点，再结合自己的教学实践与思考，梳理出自己的教学理念，并以此为起点，展开教学设计。

“衣带渐宽终不悔，为伊消得人憔悴。”优化教学设计的过程是极为艰难的：不断地建构、推翻，再建构、再推翻……心情也在希望与失望之间轮转，好在反复斟酌，几易其稿之后，我收获的不仅是精美的设计，更是不断探索与突破的喜悦。

路漫漫其修远兮，吾将上下而求索——磨砺教学技艺

俗话说：“巧妇难为无米之炊。”在经历了教学设计的筛选准备阶段之后，“米”算是有了，能不能做出一桌“好饭”，接下来就该看“妇”到底巧还是不巧了。

经历了十年的教师生涯，我对自己的课堂教学还是有一定信心的，特别是在课堂互动上，自己最大的优势就是学生的参与感比较强，课堂活跃度与师生配合度都不错。可是，本次系列赛采用的却是“无生上课”的形式（所谓“无生上课”，是指授课老师直面评委，既当老师，又作学生，将理想化的教学设计，通过教师个人的现场演绎，模拟真实的课堂教学），这让我的优势一下子荡然无存！“没有学生，还叫什么赛课呢？”我也曾发出这样的质疑，与其说是质疑，不如说是不自信的抱怨。但事已至此，质疑也罢，抱怨也好，都没有任何的意义，自己唯一能做的就是迅速从所谓优势的“舒适区”中走出来，再次磨砺教学技艺。

可是，磨砺教学技艺究竟该从什么方面着手呢？从教十年，自己的教学技能应该比较成熟了，又该如何改进呢？带着这些一时没有答案的问题，我决定先回归课堂去继续探索。其实，这样做原本是希望先将参赛的十个课例放到真正的课堂教学中，以检验教学设计的可行性，帮助自己熟悉教学流程。但实际上，这一步却在无形之中让我发现了自己在教学技能上日渐忽视的问题，例如：教学语言不够精练、教态不够自然、教学时间把控不够严谨、板书缺乏美感等。或许这些问题在日常教学中，都算不得多严重，甚至可以用“教学是遗憾的艺术”来自我宽慰，但放在本次系列赛如此高规格的舞台之上，更何况没有学生做挡箭牌，那么任何一点瑕疵都会被无限放大，成为左右结果的胜负手！于是我终于明确了磨砺教学技艺的短期目标：解决上述问题，让自己的课堂教学更加精致。

第一步就是精炼教学语言。我选择了一个看起来“最笨”的办法：写下来。我先将教学设计和教学阐释原本较为书面的语言，全部转换成课堂教学口语，然后将每个环节的衔接语言、预设的学生回答与教师点评逐一写出来，再进行修改：删掉无意义的口头禅和过渡句，让语言尽量变得精炼准确，最后再消化吸收、反复练习，让这些经过精心打造的教学语言能自然流畅地脱口而出。

第二步是练习板书。也许是对PPT形成了依赖心理，不知不觉间竟然已经很久没有拿起粉笔正正经经地写过板书了，以至于在第一次试讲结束后，看到黑板上一片狼藉，实在羞愧不已。于是，我一方面开始重新设计板书，力求更加简洁直观地展示教学要点之间的关联；另一方面将要在黑板上书写的文字在字帖上选取出来，逐一临摹，并最终与自己的字体融合，总算形成了“看得过去”的板书。

当然，教学技艺的磨砺远不止这些。不分白天黑夜地反复修改文稿、在炎热的暑假独自一人在教室试讲、对照视频一秒一秒地抠细节……这些都成了备战本次系列比赛的常态。但我深知，一名教师的教学技艺需要日积月累，其博大精深绝非教态、板书等可以简单涵盖的！繁华落尽，回归正常教学，虽前路漫漫，吾亦将上下求索。

人生如逆旅，我亦是行人——不忘教育初心

从五月到九月，历时近半年时间；从十个课例到三十个课例，共计30余万字；这次系列比赛让我经历了无与伦比的考验，却也收获了无比珍贵的体验！

其实，在最初参加成都市的比赛时，我的发挥并不算好，甚至在教学阐释环节中，还有好几次“口不择言”，但或许是上天垂青，让我最终拿下决赛第一名，开启了之后的省赛、国赛之旅，现在想来也依然觉得庆幸。而在省赛和国赛中，得益于众多专家领导的关怀指导以及同队“小伙伴”的激励支持，我才能在一次次想要放弃时，咬牙坚持！

尽管在最后的国赛中，我没能取得更好的成绩，有负段增勇、游俊松、袁文几位省市专家的指导和学校的期望，但这一路攀登，让我重新找回了站在讲台上的紧张感和兴奋感，那种一闭上眼睛就是课该怎么上，一睁开眼睛就是设计教案的日子，虽然痛苦，但却无比充实，正如攀登高山时双腿灌铅，却又步履深沉，一心只为“一览众山小”。我想，如果再有这样的机会，我还会坚定地向着下一座高山进发，此生“绵绵无绝期”。

从教十年，行至中途，看过些许风景，拾取几多落英。逆旅未尽，行人不绝，我不过其中之一。

致谢：

谨以此文，向在本次系列比赛中，给予我无比重要的帮助和支持的成都市石室中学（北湖校区）语文教研组，成都市石室中学副校长、正高级教师赵清芳老师，四川省教育科学研究院语文教研员段增勇老师，成都市教育科学研究院教师发展研究所所长袁文老师，成都七中（高新校区）语文教研组组长游俊松老师，成都市教育科学研究院语文教研员王秉蓉老师，成都市教育科学研究院副院长谭文丽老师等语文教育界的专家、前辈致以最诚挚的感谢！

心之所向，素履以往；生如逆旅，一苇以航

遂宁安居育才卓同国际学校　江雪珲

引言

我于2005年从四川外国语学院英语系非师范专业毕业后，先在家乡一所省级示范校任教高中英语10年，带过几届毕业班，有些许高考成绩，但“陈陈相因不甚了了”。为了摆脱公立体制带给我的思维固化和路径依赖，2017年我毅然辞去公办教师身份，去到省内一所私立名校。起初，这所私立名校的快节奏教学、学生应试成绩斐然皆让我折服。时间一长，我发现自己的英语教学陷入“dilemma”：愈来愈工具性。这种强化性的语言教学或许能帮助学生学习英语基础知识和发展基本技能，但如何真正培养学生的语言能力，发展他们的核心素养？这些问题，在这所私立名校里，我找不到答案，再一次陷入了对于教学的迷茫。迁思回虑，当时已有12年教龄，“老大不小”的我决定回到原点，重返家乡。这次，我去到了家乡城市一所小初高一体化的民办学校，也就是现在我工作的地方。这所学校倡导“行政服务学术”，尤其重视外语学科发展，于2018年制定、实施英语优势学科发展规划，对英语教学课堂不再“整齐划一”，鼓励英语教师进修、学习，大胆进行课堂改革。在此背景下，我从研读新课标开始，“彦修但自修，逆境堪进德”，开始积极探索新课标理念下的语言教学，并结合探索中的收获与反思，设计了10个课时的课例，参加第五届四川省中小学青年教师教学竞赛，以组内总分第一的成绩获得了中学英语组一等奖第一名。

“驿路崎岖泥雪寒，欲登篮舆一长叹。”这一路行走，遇到很多困惑，也有了一些收获，请允许我讲给大家听。

一、凿石：不积跬步，无以至千里；不积小流，无以成江海

一条“安民告示”

时间：2019年5月

地点：学校办公室

市教研员微信头像闪现红色图标，点开一看：“江江，教研所聘任的几位评委老

师商议，认为你提交的参赛课例逻辑清楚，主线明确，活动设计合理。最终确定推荐你代表英语学科参加今年的省赛，时间在7月份。赛前需要提交10个课时案例，你好好准备，有任何问题，随时跟我联系。加油！”

接到省赛任务，内心却很平静，“纵化大浪中，不喜亦不惧。应尽便须尽，无复独多虑。”教书十几年，自嘲“学校赛手”，于是，我将参加省赛的目的定位于决不望结果，但求“思想碰撞”——拿自己做的这十节课请教省赛的评委，听听专家老师们的意见。

N次“死缠烂打”

2019年5月起，我的一周这样安排。

第一天，一个线圈本，把一天计划“上纲上线”：重看网盘存贮的近三年全国英语高中英语赛课视频和课件（主要为外专委主办的赛事）；翻阅自己从2016年开始手动积累下来的《中小学外语教学》（中学篇）案例；每晚2个小时修改课例初稿。

第二天，带着修改后的初稿课件课堂实操，课间访谈5名学生：“这节课你学到了什么？”“这节课的课堂活动设计是否都可以完成？如果不能，具体是哪一个活动？”“是什么原因不能完成这个活动？”“这节课你对哪个环节印象最深刻？”……这些“穷追猛问”让我听到学生真实的声音，对改进课例帮助很大。

第三天，改课例。

第四天，找同事商量，“换”班磨课。

第五天，三改课例。

第六天，整理一周问题。于是，几十个周六晚，办公室里听晚来风急，赏月明星稀，记只字片语。

几回“起死回生”

2019年6月某周，困于手上一节文学阅读课例，几次课堂实操均遭遇“落花流水”，打算放弃，却心有不甘。我将自己做出的课例视为“养子”，养不教，我之过，要让自己彻底弃之不理，谈何容易？

正逢那周在市教科所举行的市初中英语赛课现场，我见到了仰慕已久的许时升老师。当时，许老师受邀担任主评委。比赛当天，我坐在许老师身后，厚着脸皮，带着自己准备好的十几个具体问题向他请教。许老师非常随和，详细告诉我教学目标、教学过程和教学活动设计之间的关系，并就思维导图（mind map）这个概念阐述“思维”的概念与活动分类。

自然，老师讲的大都是上位的理论知识，类似于approach或method，需要我下来慢慢消化，解码为technique。“岂知灌顶有醍醐，能使清凉头不热”，听到这些，如获珍宝。当晚，我决然“毙”掉已经修订好的3个课例，重新起稿，从头再来。

一架Lightweight

2019年6月起，10个课例基本定稿。我找到高一竞赛班的班主任黄波老师，希望能在孩子们白天去竞赛教室上课的空档，用他们班的教室，架台Lightweight，录下每一个现场课例。黄老师很支持，鼓励我长缨在手，缚住苍龙。于是，6月起，稍有闲暇，我就站立于那个教室里，一录，再观，再录，这样的状态一直持续到6月中下旬。那段时间，我忙于在四楼与五楼之间来回奔跑，在录课支架面前“自娱自乐”，每晚回家时仰观辰星满天，听蛙鸣蝉噪，算苦中求乐，忙里偷闲。

现在回想起来，很感谢准备省赛的那段时间。“次泯贪嗔调和神气，休放马猿驰骋”。持平常心，清静境，默默积累内功，不妄想结果。“得之我幸，不得我命。”

二、沁玉：竹杖芒鞋轻胜马，谁怕，一蓑烟雨任平生。

时间：2019年7月17—18日

地点：绵阳玉泉路小学——省赛场地

省赛第一天抽签比赛顺序，我抽到倒数第二。同行的参赛老师说这意味着“压轴”，压力应该不小。我笑言：“这么晚比赛，正好给我充分的时间学习其他老师的课例，是个难得的免费学习机会。”

比赛教室在二楼，省工会在四楼设置了观摩教室，允许老师们通过视频观看比赛实录。我将参赛的课例PPT全部打印成纸质小本，带去四楼的观课教室，“协同”记录、学习，收获不少。

第一天下午5点30分左右，带队老师也是省赛的督导组成员钟姐来四楼找我，悄悄告诉我，评委已经确定了选手们提交的十节课例的教学设计分数，我的教学设计得到了肯定，位列第一。钟姐的话，意料之外，却似乎情理之中。一天时间内看过其他老师的课例，感觉说课方面的理论概念较混乱或不准确，比如：任务型教学法（TBLT）的运用，教学目标的阐述，小组合作探究的原因和过程，新课标理念的植入和渗透，等等。

虽有谱，却不能气定神闲。第一天晚，胡乱吃点东西，我向钟姐请假，绕着之前熟悉的园艺山行走2个小时，自言自语把十个课例过了一遍，顺便把自己走“累”，用最笨的方式反抗当班主任后患有的习惯性失眠症。

第二天上午比赛，正常发挥，拿下第一。

省赛小记：运气会偏爱有准备的人。

三、揽玉：千磨万击还坚韧，任尔东西南北风

省赛7月结束，国赛8月底开始，一个月时间应战。这期间，省工会领导们给我们四位老师组织了两场培训，每位老师配有两位省内学科专家，地点在泡桐树小学和成都市教科所。

培训第一场：重过府河万事非，同来何事亦同归

时间：2019年8月初

地点：泡桐树小学、金河宾馆

省赛颁奖结束后，中学英语组的主评委也是国赛的辅导老师西华师范大学外国语学院的严萍老师联系我，让我在第一场培训前，把十个课例重新整理一遍，梳理问题，查找相关文献资料（比如，高中英语课标组几位成员最近几年发表的文章），并叮嘱我培训时一定带上2017年新课标纸质版。

第一次培训，我见到了我的另一位辅导老师：成都教育学院的赖蓉莎老师。两位老师都是行业翘楚，熟悉各种课型的theory 和 practice，但分工明确，对我严格要求，不容我“不求上进”。

严萍老师：善为师，美其道，慎其行。

首场培训上午，严老师“毫不留情”地直接毙了我参加省赛时的三个课例，让我必须重做。我担心时间不够，想打“退堂鼓”。严老师点醒了我。

“你擅长什么？”

“文学阅读吧……”

“那就重新找适合高中生阅读的文学作品，按照你的思路做！你速度快，聪明，能够get到一些点，我对你有信心！”

第一场培训中，严老师和我关在金河宾馆的房间，早8点至晚9点，幻灯片一张一张过，一句一句改。她口述，我打字，听不太懂的地方，我记录在笔记本上，晚上回到自己的房间，查阅文献资料，第二天再和严老师讨论。在做一个语法课例时，严老师给电子科技大学的一位专家打电话，向他请教非谓语动词作状语的语法

表意功能。另一个教材中的阅读课，严老师认为我的设计亮点不够突出，新课标要求的思维品质培养更“不见踪迹”，专门给我上了一节大学课程中的教学法，让我这个非师范专业毕业生当了一回师范专业的“旁听”生。

赖蓉莎老师：千磨万击还坚韧，任尔东西南北风。

赖老师眼睛不太好，但一一看完我修改好的每一个课例，让我选几节，模拟比赛现场，讲给她听，找找赛场感觉。记得有一节整体阅读课例，因为是新做的课例，我还不太熟悉，讲课中途卡顿很多次，讲错很多次，赖老师表情越来越凝重。那天晚上，赖老师问我为什么要参加国赛？我没怎么考虑，算“直言不讳”——“想来学习学习吧。对于结果，没多想，估计就拿个三等奖吧。”我的“肺腑之言”让赖老师“很生气”。

“为什么只想拿第三名？”

“赖老师，我没有时间准备。我是班主任，带高二最好的一个理科班；教两个班英语，一周课时25节，同时还负责学部的教研工作。还好这次培训是暑假，不然，我还真不敢请假。”

“不行，这样绝对不行!!! 我马上给相关领导打电话，让他们出面解决。小江，你现在代表的不是遂宁，而是四川省，四川省！我和严老师都没放弃，都在想办法帮你，你更不能这样认为。三等奖？至少奔着二等奖去，一等奖也不是没有可能的!”

第二天下午6点，我收到了学校全玉书校长给我发的短信：“江老师，教科所张所长介绍了你目前的情况，请放心，需要学校做些什么，请你提出来，我们一定想办法解决。”

同样，第二天，严老师也和我谈心，说赖老师托她来给我上上思想课，还说昨晚她语气重，请我别放在心上，专心准备比赛。

（**后记**：因为放心不下班里学生，那段时间，我坚持不改变日常工作，班主任、英语教师、做教研行政。）

陈俊兰老师：折花逢驿使，寄与陇头人。

陈俊兰，女，00后，英语新秀。

第一场培训后，我带着还在放暑假的俊兰老师回到遂宁，让她帮忙一起修改课例、定稿、提交国赛资料。俊兰没做任何考虑，立马答应。接近15天，我和她寄居在学校招生办公室，朝乾夕惕。从修1开始，到最后在平台上正式提交国赛参赛资料的那一刻，修25。

培训第二场：马作的卢飞快，弓如霹雳弦惊

时间：2019年8月底，国赛前一周

地点：成都市教科所

第二场培训，严老师和赖老师让我完全脱稿，定时演绎十节课例。因为时间短，只有两天，我需要一天讲五节。为了提升培训效果，两位老师请来外援：严老师让她曾经带过的一位研究生帮我设计板书；赖老师请来乐山师范学院的邓道宣老师帮忙导课。

两场培训下来，感触颇多。"感谢"二字，听起虽俗，但表真心。

国赛结束当晚，得知获得中学英语组一等奖的成绩，我第一时间告诉严老师、赖老师和俊兰。她们的"秒"回让我泪眼婆娑。

"江，熬了这么久，今晚可以出去嗨了！"

"小江，你真的太不容易了……"

"江老师，今年暑假你没去青海，明年，我们约个时间，一起去！"

国赛小记：世上哪有什么天生的幸运，不过是以往努力的积攒，更离不开师友的帮持。

四、居之无倦，行之以忠

平日里，会有朋友或是同事问我，应该怎么做才能提升自己的专业？这个问题很空，不好回答，对我而言，主要是线上学习和阅读。这几年，用过一些网站，读过一些书，不妨与大家叨叨。

首先，要存储几个免费的课件模板网站。这样的网站很多，我个人经常在"第一PPT"上找模板素材，免费，下载也十分方便。当然，有一些国外的制作课件网站也不错，值得逛逛。

其次，线上学习网站多且杂，如何挑选？首先得确定目的是什么。比如，从2020年起，我开始摸索各个版本的高中英语新教材，尤其对外研版和外教版感兴趣。由此，我会特别关注这两个出版社的官网和微信公众号，收看一系列讲座与样板课展示，整合不同版本教材，用于寻找课堂教学的灵感。再比如，可以收藏免费下载外文电子书的网站，比如我时常会在Zlibrary上下载自己需要的各种电子书、外

文小说、专业书籍或是主题文章等；在ERIC上查找国外最新的教研、科研成果……

再次，部分英语赛课活动值得关注。比如，关注外专委主办的很多届全国英语优质课比赛（初中英语和高中英语），尤其是每节课后评委5分钟评课。

最后，说说读书。每天坚持至少读书一小时，是我多年的习惯，甚至已上瘾。这里有一份书单列了少部分读过的书，可作参考，可作“饵料”，还可作为茶余饭后的谈资。

①The Practice of English Language Teaching, Jeremy Harmer著（Longman ELT）；

②Fundamental Concepts of Language Teaching， H.H.Stern著（上海外语教育出版社）；

③The Power of Reading，Stephen D. Krashen著 （Libraries Unlimited）；

④Teaching to learn，Learning to teach：A Handbook for Secondary School teachers，Alan J. Singer著 （Lawrence Erlbaum Associates）；

⑤Aspects of Language Teaching， H.G. Widdowson著 （上海外语教育出版社）；

⑥Issues and Options in Language Teaching，H.H. Stern著（上海外语教育出版社）；

⑦Approaches and Methods in Language Teaching （语言教学的流派）（外语教学与研究出版社）；

⑧改什么?如何教?怎样考? 梅德明、王蔷主编，（外语教学与研究出版社）；

⑨普通高中课程标准（2017年版）教师指导，梅德明编（上海外语教育出版社）；

⑩英语教育新论：多元目标英语课程， 龚亚夫著（高等教育出版社）；

⑪语言的功能与文体，张德禄著（高等教育出版社）；

⑫英语语篇语言学研究，胡曙中著 （上海外语教育出版社）；

⑬英语教学法双语教程，张正东、黄泰铨编著（科学出版社）；

⑭英语学习策略——从理论到实践，程晓堂、郑敏编著（外语教学与研究出版社）；

⑮英语教师课堂话语分析，程晓堂著（上海外语教育出版社）。

南怀瑾先生曾说过这样一段话，个人很喜欢，一直视为自己努力的方向：“佛为心，道为骨，儒为表，大度看世界。技在手，能在身，思在脑，从容过生活。”愿自己初心不改，坚持学习，一路前行。

赛课心得

成都七中　夏雪

赛课让每一位一线教师又喜又忧。喜的是赛课给予了每位教师一个舞台，展现自己的舞台。在这个舞台上教师与学生沉浸其中，有着共同探究新知的快乐与幸福。忧的是工作量大，压力大，打磨过程异常痛苦。赛课既锻炼了老师的临场反应能力，又从侧面展示了教师的综合素质。虽然过程痛苦，但是在这个过程中的成长是非常难得和重要的。我想，作为一线的教师，应该争取机会参加赛课，全方位锻炼自己，在过程中不断成长和进步。

数学学科的赛课，不像语文课那么充满诗情画意、英语课那么多活动……有的时候会显得枯燥乏味，缺乏生气，也缺乏课堂的热闹氛围。但是我觉得一节好的数学课，应该有丰富的思维活动，能训练和拓展学生的思维。在思维的碰撞中，获得数学的快乐，体会数学的美和内涵的丰富。

在数学知识教学中要力求揭示数学的本质，渗透数学的思想方法。我们都知道基础知识是看得见的，如法则、公式、性质、判定等，基本技能是经常训练的，只有数学思想、数学方法是隐性的，是在教学中逐渐渗透的。因此要求教学中不但要教给学生基本知识、训练基本技能，还要注意揭示数学的本质，渗透数学思想方法，即“授之以鱼，不如授之以渔”。

下面就介绍下我是如何准备一节赛课的。

一、选题

选题是一个重要的开端。优秀的主题可以直接为赛课的表现加分。我觉得有几个因素要考虑：①清楚自己擅长的。比如有的老师擅长概念的教学，能够清楚剖析内容，思路清晰。这样在选题时可以有所侧重。②选择有意义和挑战的课题。比如高中数学课程可以着重研究章引言课。有些章节，比如圆锥曲线、数列、立体几何等都有较为成熟的起始课案例，值得我们借鉴和参考。章引言课的基本模式也清晰，即围绕为什么学、学什么、怎么学展开，对一个章节起到导游式的引领作用，让学生初识全章的相关背景、知识结构、逻辑体系和应用价值，明晰本章的学习内容、学习特点和学习方法。还可以选择一些新教材新增内容的课程，新颖而有趣。③赛课课题中研究课很少见。可以以习题课的形式开展，更可以以小组实践形式展开，也可以基于问题探究，比如数列中的等比等差问题在购房中的应用等。

如果是规定课题的赛课，就可以忽略第①点。

二、准备

课题一旦确定，就是漫长而煎熬的准备过程了。一般而言，我会做以下准备工作。

（1）反复阅读教材。包括人教版、北师大版、苏教版、即将使用的新教材对应的章节。

（2）教材配套的教参反复仔细阅读。教参是反映教材编写者意图的说明，包括很重要的几点：该节内容重难点、编写例题意图及该节内容的背景资料介绍。比较不同的版本之后，在设计引入的思路上会多一些灵感，而且可以更好地把握教材的主干思想。

（3）经过各种版本教材和教参的对比思考后，就应该有教学方案的一个初步“雏形”。此时，可以编写一份简单的课程设计。这样对教学重难点、基本流程、学生情况分析等都可以清晰明了。

（4）有了自己的思考和想法后，就可以查找一些同一课题的优秀案例。比如全国赛、省赛等资料都将是很好的参考。这个时候就不会因为别人的想法改变自己的思路，而且可以很好地选择对自己有用的想法，甚至沿着这个想法不断深入，使自己的课程设计更加精彩生动。

内容确定了，就可以将之前的初步设计进一步完善。此时应该关注以下几点。

（1）注意创设体现数学与生活联系的情境，使学生感悟数学源于生活、源于实际。需要在教学中创设适合学生认知水平、接近学生学习的“最近发展区”的情境，有效地激发学生的学习兴趣和激情，调动学生的学习积极性。

（2）精心设计课程环节，可以采取游戏、活动、问题引导学生学习的方式，让学生带着问题开展探索活动。例如：以自学提纲或学案为载体引导学习，这是融学生的学和教师的教为一体的一个很好的教学环节，在这个环节中重视学生的独立思考、小组合作交流等，学生动口、动脑、动手，参与面广，参与度高，以自学提纲